MULHERES DE MINHA ALMA

ISABEL ALLENDE

MULHERES DE MINHA ALMA

Tradução de
Ivone Benedetti

7ª edição

RIO DE JANEIRO, 2025

EDITORA-EXECUTIVA
Renata Pettengill

SUBGERENTE EDITORIAL
Marcelo Vieira

ASSISTENTE EDITORIAL
Samuel Lima

ESTAGIÁRIA
Georgia Kallenbach

DIAGRAMAÇÃO
Beatriz Carvalho
Beatriz Araujo

IMAGEM DE CAPA
Júlio César Rodrígues de Oliveira

TÍTULO ORIGINAL
Mujeres del alma mía

CIP-BRASIL. CATALOGAÇÃO NA PUBLICAÇÃO
SINDICATO NACIONAL DOS EDITORES DE LIVROS, RJ

A427m
7ª ed.

Allende, Isabel, 1942-
    Mulheres de minha alma / Isabel Allende; [tradução de Ivone C. Benedetti]. – 7ª ed. – Rio de Janeiro: Bertrand Brasil, 2025.

    Tradução de: *Mujeres del alma mía*
    ISBN 978-85-286-2479-3

    1. Feminismo. 2. Mulheres – Condições sociais. I. Benedetti, Ivone C. II. Título.

20-66092

CDD: 305.42
CDU: 141.72

Camila Donis Hartmann – Bibliotecária – CRB-7/6472

Copyright © Isabel Allende, 2020

Todos os esforços foram feitos para localizar os detentores dos direitos das obras parcialmente reproduzidas neste livro. A editora compromete-se a dar os devidos créditos em uma próxima edição, caso os autores reconheçam e possam provar sua autoria.
Poema "Arde" em *Ahora que ya bailas*, de Miguel Gane. © 2018, Miguel Gane.
Publicado originalmente em espanhol pela Penguin Random House Grupo Editorial.
"Home", de Warsan Shire, copyright © 2014. Reproduzido com permissão da autora.
"Un violador en tu camino", do coletivo LAS TESIS, copyright © 2019. Reproduzido com permissão das autoras.
"Yo Pisaré las Calles Nuevamente", canção de Pablo Milanés, copyright © 1976.
"Volver a los diecisiete", canção de Violeta Parra, copyright © 1964.
Men Explain Things to Me, de Rebecca Solnit. © 2014, Rebecca Solnit.
Publicado originalmente em inglês pela Granta Publications.

Texto revisado segundo o novo Acordo Ortográfico da Língua Portuguesa.

2025
Impresso no Brasil
Printed in Brazil

Todos os direitos reservados. Não é permitida a reprodução total ou parcial desta obra, por quaisquer meios, sem a prévia autorização por escrito da Editora.

Direitos exclusivos de publicação em língua
portuguesa somente para o Brasil adquiridos pela:
EDITORA BERTRAND BRASIL LTDA.
Rua Argentina, 171 – 3º andar – São Cristóvão
20921-380 – Rio de Janeiro – RJ
Tel.: (21) 2585-2000 – Fax: (21) 2585-2084,
que se reserva a propriedade literária desta tradução.
Atendimento e venda direta ao leitor:
sac@record.com.br

*A Panchita, Paula, Lori, Mana, Nicole
e outras mulheres extraordinárias de minha vida.*

Não exagero ao dizer que fui feminista desde o jardim de infância, antes que o conceito fosse conhecido em minha família. Nasci em 1942, portanto estamos falando da remota antiguidade. Acredito que minha rebeldia contra a autoridade masculina teve origem na situação de Panchita, minha mãe, abandonada pelo marido no Peru com dois filhos pequenos e um recém-nascido nos braços. Isso obrigou Panchita a pedir refúgio na casa dos pais, no Chile, onde passei os primeiros anos da infância.

A casa de meus avós, no bairro Providencia de Santiago, que na época era residencial e hoje é um labirinto de lojas e escritórios, era grande e feia, uma monstruosidade de cimento, quartos de pé-direito alto, correntes de ar, fuligem de estufas a querosene nas paredes, pesadas cortinas de veludo vermelho, móveis espanhóis feitos para durar um século, retratos horrendos de parentes mortos e pilhas de livros empoeirados. A fachada da casa era senhorial. Na sala de visitas, na biblioteca e na sala de jantar alguém havia tentado imprimir uma marca de elegância, mas esses aposentos eram pouquíssimo usados. O restante da casa era o reino desordenado de minha avó, das crianças (meus dois irmãos e eu), das empregadas domésticas, dos dois ou três cães sem raça definida e dos gatos meio selvagens que se reproduziam incontrolavelmente atrás da geladeira; a cozinheira afogava os filhotes num balde no quintal.

A alegria e a luz daquela casa esfumaram-se com a morte prematura de minha avó. Lembro-me de minha infância como de uma época de temor e escuridão. O que eu temia? Que minha mãe morresse e acabássemos num orfanato, que os ciganos me raptassem, que o Diabo aparecesse nos espelhos, bom, melhor parar por aqui. Agradeço essa infância infeliz porque me deu material para a escrita. Não sei como se arranjam os romancistas que tiveram infância amena num lar normal.

Em idade bem precoce percebi que minha mãe estava em desvantagem com relação aos homens da família. Tinha se casado contra a vontade dos pais, não dera certo, tal como havia sido avisada, e anulara o casamento, única saída disponível neste país onde o divórcio só foi legalizado em 2004. Não estava preparada para trabalhar, não tinha dinheiro nem liberdade e era alvo das más línguas porque, além de estar separada do marido, era jovem, bonita e vaidosa.

Minha raiva do machismo começou naqueles anos da infância, ao ver minha mãe e as empregadas da casa como vítimas, subordinadas, sem recursos e sem voz ativa: a primeira por ter desafiado as convenções, e as outras por serem pobres. É óbvio que na época eu não entendia nada disso; essa explicação eu formulei aos cinquenta anos, na terapia, mas, mesmo não podendo raciocinar, os sentimentos de frustração eram tão fortes que me marcaram para sempre com uma obsessão por justiça e uma repulsa visceral ao machismo. Esse ressentimento era aberrante em minha família, que se considerava intelectual e moderna, mas, de acordo com os padrões de agora, era francamente paleolítica.

Panchita consultou mais de um médico para investigar o que acontecia comigo, pois talvez sua filha sofresse de dor de barriga ou tivesse lombriga. O caráter obstinado e desafiador, aprovado em meus irmãos como condição essencial da masculinidade, em mim era uma patologia. Não é quase sempre assim? Às meninas é negado o direito de irritar-se e bater o pé. Existiam psicólogos no Chile, talvez até psicólogos infantis, mas esse recurso, naquela época dominada por tabus, era reservado aos loucos incuráveis, e em minha família nem nesses casos; nossos lunáticos eram suportados entre quatro paredes e pronto. Minha mãe me suplicava que eu fosse mais discreta. "Não sei de onde tirou essas ideias, você vai ficar com fama de mulher-macho", disse-me uma vez, sem explicar o significado desse nome feio.

Tinha razão de se preocupar. Aos seis anos eu tinha sido expulsa da escola das freiras alemãs por insubordinação, como prelúdio do que seria minha futura trajetória. Ocorre-me a ideia de que a verdadeira razão era Panchita ser legalmente solteira e mãe de três filhos. Isso não deveria ter escandalizado as freiras, porque a maioria das crianças no Chile nasce fora do casamento, mas não era o que acontecia na classe social a que pertenciam as alunas daquele colégio.

Por décadas pensei em minha mãe como vítima, mas aprendi que, por definição, vítima é alguém que carece de controle e poder sobre o que o circunda, e acho que não era esse o seu caso. É verdade que minha mãe parecia enjaulada, vulnerável e às vezes desesperada, mas sua situação mudou mais tarde, quando se uniu a meu padrasto e os dois começaram a viajar. Poderia ter lutado para obter mais independência, viver a vida que desejava e desenvolver seu enorme potencial, em vez de se submeter, mas minha opinião não conta, porque pertenço à geração do feminismo e tive oportunidades que ela não teve.

Outra coisa que aprendi aos cinquenta anos, na terapia, é que, sem dúvida, a falta de pai na infância também contribuiu para minha rebeldia. Demorei muito para aceitar o tio Ramón, como sempre chamei o homem com quem Panchita se uniu quando eu tinha cerca de onze anos, e para compreender que não poderia ter havido pai melhor que ele. Dei-me conta disso quando nasceu minha filha Paula, e ele ficou louco de amor por ela (o sentimento foi mútuo), e vi pela primeira vez o lado terno, sentimental e brincalhão daquele padrasto a quem eu havia declarado guerra. Passei a adolescência detestando-o e questionando sua autoridade, mas, sendo um otimista incorrigível, ele nem percebeu. Em sua opinião, sempre fui uma filha exemplar. O tio Ramón tinha tão má memória para o negativo que na velhice me chamava de Angélica — meu segundo nome — e dizia que eu devia dormir de lado para não amassar as asas. Repetiu isso até o fim de seus dias, quando a demência e o cansaço de viver o haviam reduzido à sombra de quem tinha sido.

Com o tempo, tio Ramón chegou a ser meu melhor amigo e confidente. Era alegre, mandão, orgulhoso e machista, embora o negasse, com o argumento de que ninguém era mais respeitoso com as mulheres do que ele. Nunca consegui lhe explicar cabalmente em que consistia seu tremendo machismo. Ele havia deixado a mulher, com quem tinha quatro filhos, e nunca obteve a anulação do casamento que lhe teria permitido legalizar a relação com minha mãe, mas isso não os impediu de viver juntos durante quase setenta anos; no início, essa união provocou escândalo e mexericos, mas depois pouquíssima gente objetava, porque os costumes relaxaram e, na falta de divórcio, os casais se uniam e se separavam sem burocracia.

Panchita ressentia-se dos defeitos do companheiro tanto quanto amava e admirava suas qualidades. Assumiu o papel de esposa dominada e frequentemente furiosa por amor e porque se sentia incapaz de criar os filhos sozinha. Ser mantida e protegida tinha um custo inevitável.

De meu pai biológico nunca senti saudade, nem tive curiosidade de saber dele. Para conceder a anulação do casamento a Panchita, impôs como condição não ter o encargo dos filhos e levou isso ao extremo de não voltar a nos ver. Nas poucas vezes que seu nome era mencionado na família — assunto que todos evitavam —, minha mãe tinha uma tremenda enxaqueca. Só me disseram que ele era muito inteligente e gostava muito de mim, que me fazia ouvir música clássica e me mostrava livros de arte, de modo que, com dois anos, eu identificava os artistas; ele me dizia Monet ou Renoir, e eu os encontrava na página exata. Duvido. Eu não conseguiria fazer isso agora, em pleno uso de minhas faculdades intelectuais. Em todo caso, como supostamente isso aconteceu antes dos três anos de idade, não guardo lembrança, mas a súbita deserção de meu pai me marcou. Como eu ia confiar nos homens, que gostam de você num dia e desaparecem no dia seguinte?

O abandono de meu pai não é excepcional. No Chile, o pilar da família e da comunidade é a mulher, sobretudo na classe trabalhadora, em que os pais vêm e vão, desaparecendo amiúde sem se lembrar mais dos filhos. As mães, em compensação, são árvores de raízes firmes. Cuidam dos filhos próprios e, se necessário, também dos alheios.

Tão fortes e organizadas são as mulheres que se diz que o Chile é um matriarcado, e até os sujeitos mais trogloditas repetem essa frase sem corar, mas ela está longe da verdade. Os homens controlam o poder político e econômico, proclamam as leis e as aplicam como bem entendem, e, caso isso não seja suficiente, a Igreja intervém com sua costumeira marca patriarcal. As mulheres só mandam em suas respectivas famílias... às vezes.

Pouco tempo atrás, numa dessas entrevistas que me deixam nervosa, porque consistem num bombardeio de perguntas triviais que é preciso responder correndo, como uma espinhosa prova psicológica, tive de decidir em dois segundos com qual personagem de meus romances eu gostaria de jantar. Se me tivessem perguntado com que pessoa gostaria de jantar, eu teria dito de imediato: com Paula, minha filha, e Panchita, minha mãe, dois espíritos que me rondam sempre, mas naquela ocasião tratava-se de uma figura literária. Não consegui responder de imediato, como exigia o entrevistador, porque escrevi mais de vinte livros e gostaria de jantar com quase todos os meus protagonistas, tanto mulheres como homens, mas, quando tive tempo para pensar, decidi que convidaria Eliza Sommers, a garota de *Filha da fortuna*. Quando fui à Espanha para o lançamento do romance, em 1999, um jornalista esperto me disse que meu romance era uma alegoria do feminismo. Tinha razão, embora, na verdade, eu não tivesse pensado nisso.

Em meados do século XIX, em plena era vitoriana, Eliza Sommers era uma adolescente presa num espartilho, fechada em casa, com pouca instrução e menos direitos, destinada a casar-se e ter filhos, mas abandonou a segurança do lar e saiu do Chile na época da febre do ouro na Califórnia. Para sobreviver, vestiu-se de homem e aprendeu a cuidar de si mesma num ambiente hipermasculino de cobiça, ambição e violência. Depois de vencer inúmeros obstáculos e perigos, pôde voltar a vestir-se de mulher, mas nunca mais com espartilho. Havia adquirido liberdade e não renunciaria a ela.

É verdade que a trajetória de Eliza poderia ser comparada com a emancipação das mulheres, que tomaram de assalto o mundo dos homens. Tivemos de agir como eles, aprender suas táticas e competir. Lembro-me da época em que as escriturárias, para serem levadas a sério, iam trabalhar de calças, paletó e, algumas, de gravata. Isso já não é necessário, podemos exercer nosso poder na própria feminilidade. Tal como Eliza, adquirimos liberdade e continuamos lutando para preservá-la, ampliá-la e conseguir que todas a alcancem. Isso eu gostaria de contar a Eliza, se ela viesse jantar comigo.

O feminismo costuma assustar porque parece muito radical ou é interpretado como ódio ao homem. Por isso, antes de continuar, preciso explicar essas coisas para algumas de minhas leitoras. Comecemos pelo termo "patriarcado".

Minha definição do termo "patriarcado" talvez seja um pouco diferente da Wikipédia ou dos dicionários. Originalmente significava supremacia absoluta do homem sobre a mulher, sobre outras espécies e sobre a natureza, mas o movimento feminista minou esse poder absoluto em alguns aspectos, embora em outros ele persista como era há milênios. Apesar de muitas leis discriminatórias terem mudado, o patriarcado continua sendo o sistema imperante de opressões política, econômica, cultural e religiosa, que outorga domínio e privilégios ao sexo masculino. Além da misoginia — aversão à mulher —, esse sistema inclui diversas formas de exclusão e agressão: racismo, homofobia, classismo, xenofobia, intolerância em relação a outras ideias e a pessoas que sejam diferentes. O patriarcado se impõe com agressão, exige obediência e castiga quem se atreva a desafiá-lo.

E em que consiste meu feminismo? Não é o que temos entre as pernas, mas, sim, entre as duas orelhas. É uma postura filosófica e uma sublevação contra a autoridade do homem. É uma maneira de entender as relações humanas e de ver o mundo, uma aposta na justiça, uma luta pela emancipação de mulheres, gays, lésbicas, *queer* (LGBTQ+), de todos os oprimidos do sistema e dos que queiram somar-se. Bem-vindes, como diriam os jovens de hoje: quantos mais formos, melhor.

Na juventude eu brigava por igualdade, queria participar do jogo dos homens, mas na maturidade compreendi que esse jogo é insano, está destruindo o planeta e o tecido moral da humanidade. Não se trata de replicar o desastre, mas de consertá-lo. Evidentemente, esse movimento enfrenta poderosas forças reacionárias, como fundamentalismo, fascismo, tradição e muitas outras. O que me deprime é constatar que, entre essas forças opositoras, há tantas mulheres que temem a mudança e não conseguem imaginar um futuro diferente.

O patriarcado é pétreo. O feminismo, como o oceano, é fluido, poderoso, profundo e tem a complexidade infinita da vida; move-se em ondas, correntes, marés e às vezes em tempestades furiosas. Tal como o oceano, o feminismo não se cala.

Não, quietinha não ficas mais bonita.
És linda quando lutas,
quando brigas pelo que é teu,
quando não te calas
e tuas palavras mordem,
quando abres a boca
e tudo arde ao teu redor.

Não, quietinha não ficas mais bonita,
ficas um pouco mais morta,
e, se algo sei sobre ti,
é que não vi ninguém,
jamais,
com tanta vontade de viver.

Gritando.

Arde, de MIGUEL GANE

D esde pequena assumi que devia cuidar de minha mãe e manter--me sozinha o quanto antes. Isso foi reforçado pela mensagem de meu avô, que, sendo o patriarca inquestionável da família, compreendia a desvantagem de ser mulher e quis me armar para que eu nunca precisasse depender. Passei os primeiros oito anos de minha vida sob a tutela dele e voltei a viver com ele aos dezesseis, quando o tio Ramón me mandou, com meus irmãos, de volta ao Chile. Estávamos morando no Líbano, onde ele era cônsul, quando em 1958 uma crise política e religiosa ameaçou afundar o país numa guerra civil. Meus irmãos foram para uma escola militar em Santiago, e eu, para a casa de meu avô.

Meu vovô Agustín começou a trabalhar aos catorze anos em decorrência da morte de seu pai, que deixou a família desvalida. Para ele, a vida consistia em disciplina, esforço e responsabilidade. Andava de cabeça erguida: honra em primeiro lugar. Cresci em sua escola estoica: evitar ostentação e esbanjamento, não se queixar, aguentar, honrar compromissos, não pedir nem esperar nada, valer-me sozinha, ajudar e servir aos outros sem fazer alarde.

Ouvi dele várias vezes a seguinte história: era uma vez um homem que só tinha um filho e o amava com toda a alma. Quando o menino fez doze anos, o pai lhe disse que podia se atirar da sacada do segundo andar sem medo, porque o receberia lá embaixo. O filho obedeceu, mas o pai cruzou os braços e permitiu que o menino se esborrachasse no quintal, quebrando vários ossos. A moral dessa história cruel é que não se deve confiar em ninguém, nem mesmo no pai.

Apesar da rigidez, meu avô era muito querido por sua generosidade e seu incondicional serviço ao próximo. Eu o adorava. Lembro-me de sua cabeleira branca, do riso estrondoso de dentes amarelos, das mãos retorcidas pela artrite, do senso de humor galhofeiro e do fato irrefutável, embora jamais admitido, de que eu era sua neta favorita. Sem dúvida ele desejaria que eu fosse menino, mas se conformou em gostar de mim apesar de meu gênero, porque eu lhe lembrava sua mulher, minha avó Isabel, de quem tenho o nome e a expressão do olhar.

Na adolescência ficou evidente que eu não me adaptava em lugar algum, e coube a meu pobre avô lidar comigo. Não que eu fosse preguiçosa ou respondona, ao contrário, era ótima aluna e obedecia às regras de convivência sem protestar, mas vivia imersa num estado de fúria contida que não se manifestava em explosões ou batidas de porta, mas num eterno silêncio acusador. Era um emaranhado de complexos; sentia-me feia, impotente, invisível, presa a um presente sem interesse e muito solitária. Não pertencia a nenhum grupo; sentia-me diferente e excluída. Combatia a solidão lendo vorazmente e escrevendo todos os dias à minha mãe, que do Líbano foi parar na Turquia. Ela também me escrevia com muita frequência, e não nos importávamos com o fato de que as cartas demoravam várias semanas para chegar. Assim começou a correspondência que mantivemos sempre.

Desde pequena tive consciência aguda das injustiças do mundo. Lembro que em minha infância as empregadas domésticas trabalhavam de sol a sol, saíam pouquíssimo, ganhavam uma miséria e dormiam em cubículos sem janela, que tinham por mobília apenas um catre e uma cômoda desconjuntada. (Isso nos anos 1940 e 1950, e é óbvio que as coisas já não são assim no Chile.) Na adolescência minha preocupação com justiça se acentuou tanto que, enquanto outras moças andavam obcecadas pela aparência e por arrumar um marido, eu pregava socialismo e feminismo. Com razão eu não tinha amigas. Ficava indignada com a desigualdade, que no Chile era enorme em matéria de classe social, oportunidades e renda.

A pior discriminação é em relação aos pobres — sempre é —, mas para mim era mais pesada a que as mulheres suportavam, porque me parecia que às vezes é possível sair da pobreza, mas nunca da condição determinada pelo gênero. Ninguém sonhava então com a possibilidade de mudar de sexo. Embora sempre tenha havido entre nós lutadoras que conseguiram o voto feminino e outros direitos, que melhoraram a educação, participaram da política, da saúde pública, das ciências e das artes, estávamos a anos-luz dos movimentos feministas da Europa e dos Estados Unidos. Ninguém em meu ambiente falava da situação da mulher, nem em casa nem no colégio nem na imprensa, por isso não sei onde adquiri essa consciência naquela época.

Permitam-me fazer uma breve digressão sobre a desigualdade. Até 2019, o Chile se considerava o oásis da América Latina, país próspero e estável num continente sacudido por vaivéns políticos e por violência. Em 18 de outubro daquele ano, o país e o mundo se surpreenderam quando a ira popular explodiu. Os números econômicos otimistas não mostravam a distribuição dos recursos nem o fato de que a desigualdade no Chile é uma das maiores do mundo. O modelo econômico do neoliberalismo extremo, imposto pela ditadura do General Pinochet nos anos 1970 e 1980, privatizou quase tudo, inclusive os serviços básicos, como a água potável, e deu carta branca ao capital, enquanto os trabalhadores eram duramente reprimidos. Isso produziu um boom econômico que durou algum tempo e possibilitou o enriquecimento desenfreado de uns poucos, enquanto o restante da população sobrevivia com dificuldade a crédito. É verdade que a pobreza diminuiu para menos de 10%, mas essa cifra não revela a extensa pobreza dissimulada da classe média baixa, da classe trabalhadora e dos aposentados, que recebem pensões miseráveis. O descontentamento acumulou-se durante mais de trinta anos.

Nos meses seguintes a outubro de 2019, milhões de pessoas saíram às ruas para protestar em todas as cidades importantes do país, no início de forma pacífica, mas logo começaram os atos de vandalismo. A polícia reagiu com uma brutalidade que não se via desde a época da ditadura.

Ao movimento de protesto, que não tinha líderes visíveis nem estava ligado a partidos políticos, foram-se somando diversos setores da sociedade, com suas próprias reivindicações, desde os povos originários até estudantes, sindicatos, associações profissionais e, lógico, grupos feministas.

"Você vai sofrer muita agressão e pagar um preço altíssimo por suas ideias", advertia minha mãe, preocupada. Com meu gênio, nunca ia achar marido, e o pior destino era ficar solteirona; esse rótulo era aplicado mais ou menos a partir dos 25 anos. Precisava me apressar. Nós nos esmerávamos em laçar algum namorado e nos casar logo, antes que outras moças mais espertas agarrassem os melhores partidos. "Também tenho bronca do machismo, Isabel, mas o que vamos fazer, o mundo é assim e sempre foi assim", dizia Panchita. Eu era boa leitora e tinha aprendido nos livros que o mundo muda constantemente, e a humanidade evolui, mas que as mudanças não chegam sozinhas, são obtidas com muita guerra.

Sou impaciente; agora compreendo que pretendia injetar feminismo em minha mãe contra a vontade dela, sem levar em conta que ela vinha de outra época. Pertenço à geração de transição entre nossas mães e nossas filhas e netas, geração que imaginou e impulsionou a revolução mais importante do século vinte. Seria possível alegar que a Revolução Russa de 1917 foi a mais notável, mas a do feminismo foi mais profunda e duradoura, afetou a metade da humanidade, estendeu-se e tocou milhões e milhões de pessoas e é a esperança mais sólida de que a civilização em que vivemos possa ser substituída por outra mais evoluída. Isso fascinava e assustava minha mãe. Ela tinha sido criada com outro axioma de vovô Agustín: mais vale o ruim que se conhece do que o bom por conhecer.

Talvez eu tenha passado a impressão de que minha mãe era uma dessas matronas convencionais, típicas de seu meio social e de sua geração. Não era assim. Panchita fugia ao molde habitual das senhoras de seu meio. Se temia por mim, não era por ser puritana ou antiquada, mas pelo bem que me queria e por sua experiência pessoal. Tenho certeza de que, sem saber, plantou em mim a semente da rebeldia. A diferença entre nós é que ela não pôde levar a vida que teria preferido — no campo, rodeada de animais, pintando e passeando pelas montanhas —, mas se dobrou aos desejos do marido, que decidia os destinos diplomáticos, às vezes sem a consultar, impondo um estilo de vida urbano e gregário. Tiveram uma história de amor muito longa, mas conflituosa, entre outras coisas porque a profissão dele comportava exigências que contrariavam a sensibilidade dela. Eu, em contrapartida, fui independente desde bem jovem.

Panchita nasceu vinte anos antes de mim e não conseguiu elevar-se com a onda do feminismo. Entendeu o conceito e acho que o desejava para si, ao menos em teoria, mas o esforço necessário era demasiado. Ele lhe parecia uma utopia perigosa que acabaria por me destruir. Haveriam de se passar quase quarenta anos para ela entender que, em vez de me destruir, o feminismo me forjara e me possibilitara quase tudo a que eu me propusera. Por meu intermédio, Panchita pôde realizar alguns de seus sonhos. A muitas de nós, filhas, coube viver a vida que nossas mães não puderam viver.

Numa de nossas longas conversas da idade madura, depois de muita luta, de alguns fracassos e certas vitórias, eu disse a Panchita que suportei muita agressão, como ela avisara, mas que, para cada golpe recebido, pude dar dois. Não teria conseguido viver de outra maneira, porque minha raiva de infância só fez aumentar com o tempo; nunca aceitei o limitado papel feminino a que a família, a sociedade, a cultura e a religião me destinaram. Aos quinze anos me afastei da Igreja para sempre, não por falta de fé em Deus — isso veio mais tarde —, mas por causa do machismo inerente a toda organização religiosa. Não posso ser integrante de uma instituição que me considera pessoa de segunda classe e cujas autoridades, sempre homens, impõem suas regras com a força do dogma e gozam de impunidade.

Defini-me como mulher à minha maneira, em meus próprios termos, dando tiros no escuro. Nada era evidente, porque não tive modelos para imitar até mais tarde, quando comecei a trabalhar como jornalista. Não foram decisões racionais ou conscientes; fui guiada por um impulso irrefreável. "O preço que paguei por uma vida de feminismo é uma verdadeira pechincha, mamãe; pagaria de novo, multiplicado por mil", garanti.

Chegou um momento em que foi impossível calar minhas ideias diante de meu avô, então tive uma surpresa. Aquele velho que tinha orgulho de sua origem basca era católico, antiquado, teimoso e maravilhoso, um cavalheiro de pura cepa, desses que puxam a cadeira e abrem a porta para as damas, escandalizava-se com as teorias de sua neta destrambelhada, mas pelo menos estava disposto a ouvi-la, desde que ela não levantasse a voz; uma senhorita deve ter boas maneiras e recato. Era mais do que se podia esperar e mais do que pude obter do tio Ramón, que era uma geração mais jovem que vovô Agustín, mas não tinha o menor interesse pelas obsessões de uma mocinha e muito menos pelo feminismo.

O mundo de tio Ramón era perfeito; ele estava bem situado no pau superior do galinheiro, não tinha por que questionar as regras. Tinha sido educado pelos jesuítas, e nada lhe dava tanto prazer como uma boa discussão. Argumentar, rebater, convencer, ganhar... que delícia! Comigo discutia a respeito de tudo, desde as vicissitudes de Jó, o da Bíblia, que Deus e o Diabo puseram à prova (um babaca, na opinião dele, e um santo homem, na minha), até Napoleão (que ele admirava e a mim irritava). No fim, ele sempre me humilhava, porque não havia modo de derrotá-lo na esgrima intelectual aprendida com os jesuítas. O assunto machismo o entediava, por isso não falávamos dele.

Uma vez, no Líbano, falei com tio Ramón sobre Shamila, menina do Paquistão, aluna interna de minha escola, que chorava porque nas férias precisava ir aonde estava sua família. Naquele colégio inglês havia meninas protestantes, católicas, maronitas, judias e algumas muçulmanas, como Shamila. Ela me contara que sua mãe tinha morrido, e o pai a matriculara num colégio interno longe de seu país porque era sua única filha, e ele temia que "ela se estragasse". Um mau passo da filha seria uma desonra para a família que só se lavaria com sangue. A virgindade de Shamila era mais valiosa que sua vida.

Quando chegou em casa, vigiada por uma governanta, o pai, homem muito tradicionalista, horrorizou-se com os costumes ocidentais que a filha adquirira no internato. Uma menina recatada e pura tinha de andar coberta, não podia olhar nos olhos dos outros, sair sozinha para lugar nenhum, ouvir música, ler ou comunicar-se diretamente com alguém do sexo oposto; era propriedade do pai. Shamila, que tinha catorze anos, atreveu-se a questionar a decisão de ter de se casar com um homem trinta anos mais velho, um comerciante que ela nunca tinha visto. Levou uma surra e ficou trancada durante os dois meses das férias. As surras se repetiram até que sua vontade fosse quebrantada.

Minha amiga voltou para o colégio magra, abatida e muda, para receber o diploma e recolher seus pertences; era uma sombra do que tinha sido. Recorri ao tio Ramón, porque me ocorreu a ideia de que, para se livrar daquele destino, Shamila precisava fugir e pedir asilo no consulado chileno. "De jeito nenhum. Imagine o problema internacional que seria se me acusassem de subtrair uma menor de idade à tutela da família; isso equivale a rapto. Sinto pena da situação de sua amiga, mas você não pode ajudá-la. Agradeça o fato de não ser essa a sua realidade", disse-me e continuou tentando me convencer a abraçar uma causa um pouco menos ambiciosa do que mudar a cultura secular do Paquistão.

Sem dúvida, o casamento prematuro e obrigatório ainda é praticado em países como Iêmen, Paquistão, Índia, Afeganistão e alguns da África, geralmente em zonas rurais, mas também ocorre na Europa, entre imigrantes, e nos Estados Unidos, em certos grupos religiosos, com dramáticas consequências físicas e psicológicas para as meninas. A ativista Stephanie Sinclair dedicou boa parte de sua vida a documentar com fotografias meninas casadas à força com homens que poderiam ser seus pais ou avós, bem como outras que são mães na puberdade, antes que o corpo esteja preparado para a gravidez e a maternidade. (Veja seu trabalho em https://stephaniesinclair.com/.)

P ara meu avô, a relação do casal é simples: o homem provê, protege e manda; a mulher serve, cuida e obedece. Por isso mesmo afirmava que o casamento é muito conveniente para os homens, mas mau negócio para as mulheres. Estava adiantado para a época; agora está comprovado que os dois grupos mais satisfeitos são os homens casados e as mulheres solteiras. No dia em que levou a filha Panchita ao altar, disse-lhe pela enésima vez que não devia casar-se, que ainda havia tempo de dar meia-volta, deixar o noivo plantado e dispensar educadamente os convidados. Disse-me o mesmo duas décadas depois, quando me casei.

Apesar de seu enfoque tão radical do casamento, meu avô era tradicionalista no que se refere à feminilidade. Quem determina o que a tradição e a cultura impõem? Homens, é óbvio, e as mulheres aceitam sem questionar. Segundo meu avô, era preciso ser "senhora" em todas as circunstâncias. Não vale a pena estender-me sobre o que significa o termo "senhora" em minha família, porque é complicado; basta dizer que o exemplo sublime poderia ser a impassível, amável e distinta rainha Elizabeth da Inglaterra, que nos anos 1960 era bem jovem, mas já se comportava de forma impecável, como tem feito durante toda a sua longa vida. Bom, pelo menos é isso que ela mostra ao público.

O velho achava impróprio que as mulheres — principalmente as de minha idade — manifestassem opiniões, que possivelmente não interessavam a ninguém. As minhas sobre feminismo incluíam-se nessa categoria.

De alguma maneira, consegui fazê-lo ler *O segundo sexo*, de Simone de Beauvoir, e artigos que eu deixava esquecidos em sua casa e ele fingia ignorar, mas folheava disfarçadamente. Meu proselitismo deixava-o nervoso, mas ele suportava o bombardeio sobre como as mulheres sofrem de forma desproporcional o impacto da pobreza, a falta de saúde e instrução, o tráfico humano, a guerra, os desastres naturais e as transgressões aos direitos humanos. "De onde você tira esses dados?", perguntava, desconfiado. Francamente, não sei, porque minhas fontes eram escassas; faltavam quarenta anos para a invenção do Google.

"Não deixe o vovô e o tio Ramón nervosos, Isabel", pedia-me minha mãe. "Tudo pode ser feito com elegância e sem briga." Mas não há feminismo sem briga, como haveríamos de constatar mais tarde.

M eu primeiro emprego foi como secretária, aos dezessete anos; copiava estatísticas florestais. Com o primeiro salário, comprei brincos de pérolas para minha mãe; depois, comecei a poupar para me casar, porque, apesar dos prognósticos fatalistas, arrumei um noivo por acaso. Miguel era estudante de engenharia, alto, tímido e meio estrangeiro; a mãe era inglesa, o avô, alemão, e ele tinha estudado desde os sete anos num colégio interno inglês, onde lhe inculcaram na marra o amor pela Grã-Bretanha e pelas virtudes vitorianas, pouco práticas no Chile.

Agarrei-me a ele desesperadamente, porque era um sujeito bom de verdade. Sou romântica, estava apaixonada e, em franca contradição com minhas pregações feministas, receava ficar solteirona. Tinha vinte anos quando nos casamos. Minha mãe suspirou aliviada, e meu avô avisou o noivo de que ele teria muitos problemas comigo, caso não conseguisse domar a mim como aos cavalos. Perguntou-me em tom sarcástico se pensava mesmo em cumprir os votos de fidelidade, respeito e obediência até que a morte nos separasse.

Miguel e eu tivemos dois filhos, Paula e Nicolás. Fiz um grande esforço para desempenhar o papel de esposa e mãe. Não queria admitir que estava morrendo de tédio; meus miolos estavam derretendo. Ele me impunha mil tarefas e ficava correndo de um lado para outro como barata tonta, para não pensar muito. Eu amava meu marido e me lembro dos primeiros anos de meus filhos como uma época feliz, ainda que, por dentro, estivesse ardendo de inquietação.

Tudo mudou para mim em 1967, quando comecei a colaborar como jornalista para a revista feminina/feminista *Paula*, recém-lançada no mercado. O nome não tem nada a ver com minha filha; Paula era um daqueles nomes que de repente ficam na moda. A diretora era Delia Vergara, jornalista jovem e bonita que havia morado algum tempo na Europa e tinha uma visão muito precisa do tipo de publicação que desejava e, com isso em mente, formou sua pequena equipe. Essa revista me salvou de sucumbir, sufocada pela frustração.

Éramos quatro mulheres de vinte e tantos anos, dispostas a sacudir o puritanismo *chilensis*. Vivíamos num país socialmente muito conservador e de mentalidade provinciana, onde os costumes não haviam mudado grande coisa desde o século anterior. Buscávamos inspiração em revistas e livros da Europa e da América do Norte. Líamos Sylvia Plath e Betty Friedan, depois Germaine Greer, Kate Millett e outras escritoras que nos ajudaram a afinar ideias e expressá-las de maneira eloquente.

Optei pelo humor, porque logo percebi que as ideias mais atrevidas se tornam aceitáveis quando provocam um sorriso. Assim nasceu minha coluna "Civilice a su Troglodita"*, que ridicularizava o machismo e, por

---
* "Civilize seu troglodita", tradução literal. [N.T.]

ironia do destino, era muito popular entre os homens. "Tenho um amigo que é igual ao seu troglodita", diziam-me. Sempre um amigo. Algumas leitoras, em contrapartida, costumavam sentir-se ameaçadas, porque a coluna sacudia os alicerces de seu mundo doméstico.

Senti-me à vontade em minha própria pele pela primeira vez. Não era uma lunática solitária, havia milhões de mulheres que comungavam as mesmas preocupações; existia um movimento de libertação feminina do outro lado da Cordilheira dos Andes, e nossa revista pretendia difundi-lo no Chile.

Com aquelas intelectuais estrangeiras, cujos livros líamos, aprendi que a raiva sem propósito é inútil e até daninha, que era preciso agir, se pretendia mudar as coisas. A revista *Paula* me deu a oportunidade de transformar em ação o tremendo desassossego que me atormentava desde a infância. Eu podia escrever! Havia centenas de tabus que desejávamos derrubar nas páginas da revista e que diziam respeito diretamente às mulheres: sexo, dinheiro, leis discriminatórias, drogas, virgindade, menopausa, anticoncepcionais, alcoolismo, aborto, prostituição, ciúmes etc. Questionávamos conceitos sagrados, como a maternidade, que exigia sacrifício e abnegação total de um único integrante da família, e ventilávamos segredos como a violência doméstica e a infidelidade feminina, da qual nunca se falava, pois era assunto privativo dos homens, embora bastasse fazer um cálculo para ver que as mulheres eram tão infiéis quanto eles, caso contrário, com quem eles se deitavam? Não podia ser sempre com o mesmo grupo de voluntárias.

Minhas três colegas e eu escrevíamos com faca nos dentes; éramos um bando temível. O que queríamos mudar? Nada menos que o mundo, e com a arrogância da juventude; achávamos que isso podia ser feito em uns dez ou quinze anos. Estou falando de mais de meio século atrás e vejam onde ainda estamos, mas não perdi a confiança de que é possível conseguir, e minhas colegas de então, que agora estão velhas como eu, também não perderam. Desculpem por usar o termo "velha", que hoje parece pejorativo. Faço de propósito, porque tenho orgulho de sê-lo. Cada ano vivido e cada nova ruga contam minha história.

Sylvia Plath, ativista e poeta, dizia que sua maior tragédia era ter nascido mulher. Em meu caso, foi uma bênção. Coube-me participar da revolução feminina que, à medida que se consolida, vai mudando a civilização, ainda que a passos de tartaruga. Quanto mais vivo, mais contente me sinto por pertencer a meu gênero, sobretudo porque dei à luz Paula e Nicolás; essa experiência transcendental, que até agora os homens não têm, definiu minha existência. Os momentos mais felizes de minha vida foram aqueles em que segurei meus filhos recém-nascidos junto ao peito. E o momento mais doloroso foi quando segurei Paula moribunda em meus braços.

Nem sempre gostei de ser mulher; na infância, queria ser homem, porque era evidente que meus irmãos teriam um futuro mais interessante que o meu. Fui traída pelos hormônios: aos doze anos minha cintura se afinou e sobre as costelas despontaram duas ameixas. Então comecei a dar voltas à ideia de que, já que não podia ser homem, eu pelo menos ia viver como se fosse. Com tenacidade, esforço e boa sorte, consegui.

Racionalmente, poucas mulheres poderiam estar satisfeitas como eu na condição feminina, porque suportam infinita injustiça, como se fosse uma maldição divina, mas, apesar de tudo, o fato é que a maioria gosta de ser mulher. A alternativa nos parece pior. Por sorte, está crescendo o número das que conseguem vencer as limitações que lhes são impostas. É preciso ter visão nítida, coração apaixonado e vontade heroica para enfrentar a canseira e as derrotas do caminho. É o que procuramos fazer entender nossas filhas e netas.

P erguntei a várias amigas e conhecidas se estão contentes com seu gênero e por quê. É uma pergunta espinhosa nestes tempos em que o conceito de gênero é fluido, mas, para simplificar, vou usar os termos "mulher" e "homem". Houve diálogos interessantíssimos, mas aviso que essa é uma amostra muito limitada.

As entrevistadas disseram que gostavam de ser mulher porque temos capacidade de empatia, somos mais solidárias que os homens e mais resistentes. Como parimos filhos, somos pela vida, e não pelo extermínio. Somos a única salvação possível da outra metade da humanidade. Nossa missão é nutrir; a destruição é masculina.

Não faltou quem contestasse essa afirmação com o argumento de que há mulheres tão ruins quanto os homens, ou piores. É verdade, mas os grandes depredadores são homens. Noventa por cento dos crimes violentos são cometidos por homens. Em qualquer circunstância, tanto na guerra como na paz, no entorno familiar e laboral, eles se impõem pela força, são responsáveis pela cultura de cobiça e violência em que vivemos.

Uma mulher de uns quarenta anos referiu-se à testosterona, que gera impulsos de agressão, competição e supremacia. Contou que sua ginecologista lhe receitou esse hormônio em forma de creme para esfregar na barriga, com o fim de aumentar a libido, mas precisou abandoná-lo porque lhe nasceu barba e ela dava voltas de carro com a intenção de atropelar o primeiro pedestre que aparecesse na sua frente. Concluiu que preferia viver com menos libido a ter de se barbear e andar furiosa por aí.

Há certa soltura na feminilidade, disseram. Os homens são treinados para reprimir as emoções, são limitados pela camisa de força da masculinidade. Uma das participantes dessa minienquete disse que os homens têm mães, e elas poderiam criá-los para serem mais gentis. Lembrei a ela que só as feministas modernas podem tentar forjar a mentalidade dos filhos. Historicamente, as mães não puderam opor-se ao patriarcado. Na atualidade, em pleno século XXI, uma mulher reprimida, isolada, sem instrução, vítima da milenar tradição machista não tem poder nem conhecimento para mudar os costumes.

Eu pude fazer isso. Não perpetuei o machismo criando filhos para mandar e filhas para suportar. Foi o que fiz com Paula e apliquei conscientemente com Nicolás. O que eu queria para minha filha? Que tivesse opções e vivesse sem medo. O que queria para meu filho? Que fosse bom companheiro das mulheres, não um adversário. Não submeti meus filhos à norma tão difundida no Chile de que as filhas devem servir aos homens da família. Ainda hoje vejo moças que crescem fazendo a cama dos irmãos e lavando a roupa deles; naturalmente, depois agem como empregadas de namorados e maridos.

Nicolás assimilou desde o berço o conceito de igualdade de gênero, porque, se deixei passar algum detalhe, a irmã tratou de fazê-lo entender. Na atualidade, Nicolás participa ativamente da gestão de minha fundação, vê todos os dias as consequências do machismo e precisa trabalhar para aliviá-las.

A opinião mais reveladora foi de Elena, senhora hondurenha que limpa minha casa uma vez por semana. Mora com os filhos nos Estados Unidos há 22 anos, não tem documentos, não fala quase nada de inglês e teme ser deportada a qualquer momento, como aconteceu com o marido, mas se arranja para sustentar a família. Para Elena, sobra trabalho, porque é a pessoa mais honesta e responsável que conheço. Quando lhe perguntei se gostava de ser mulher, olhou-me espantada. "E o que mais é que eu vou ser, menina Isabel? Foi assim que Deus me fez e não ganho nada me queixando."

Essa pequena enquete entre minhas amizades deu-me a ideia de repetir a mesma pergunta a amigos. Gosta de ser homem ou preferiria pertencer a outro gênero? Sim? Não? Por quê? Mas isso renderia outras cinquenta páginas, por isso vou ter de esperar.

Em grande parte do mundo vive-se numa cultura focada na juventude, na beleza e no sucesso. Para qualquer mulher é muito difícil navegar essas águas; para a maioria, é naufrágio certo. A beleza preocupa quase todas as mulheres na juventude. Mal sobrevivi a esse desafio durante os meus primeiros cinquenta anos de vida, quando me considerava pouquíssimo atraente. Com quem me comparava? Na revista *Paula*, comparava-me com minhas colegas, todas bonitas, com modelos que nos cercavam, com candidatas ao concurso de Miss Chile, que organizávamos anualmente etc. Em que diabos estava pensando? Depois precisei morar na Venezuela, país de mulheres voluptuosas e belas por excelência; ganham todos os concursos internacionais de beleza. Basta pisar numa praia venezuelana para ficar com um complexo de inferioridade insuperável.

É impossível caber no molde que nos é imposto pela publicidade, pelo mercado, pela arte, pelos meios de comunicação e pelos costumes sociais. Cultivando nossa baixa autoestima, vendem-nos produtos e nos controlam. A objetificação da mulher é tão predominante que não a percebemos, e na juventude ela nos escraviza. O feminismo não nos salvou dessa escravidão. Só nos livramos com a idade, quando nos transformamos em seres invisíveis e deixamos de ser objetos de desejo, ou então quando alguma tragédia nos sacode até os ossos e nos põe diante do fundamental da existência. Isso me aconteceu aos cinquenta anos, quando minha filha Paula morreu. Por isso aplaudo o feminismo jovem, que está muito alerta para derrubar estereótipos.

Nego-me a capitular diante do modelo eurocêntrico do ideal feminino — jovem, branca, alta, magra etc. —, mas celebro nosso instinto de nos rodear de beleza. Adornamos nosso corpo e procuramos adornar o ambiente. Necessitamos de alguma forma de harmonia, tecemos tecidos multicoloridos, pintamos murais em choças de pau-a-pique, fazemos cerâmica, rendas, costura etc. Essa criatividade nas mulheres se chama artesanato e se vende a baixo preço; nos homens, chama-se arte e se paga caro, como aquela banana de Maurizio Cattelan pregada com fita adesiva à parede de uma galeria em Miami que custa cento e vinte mil dólares. No afã de nos adornar, deixamo-nos tentar por quinquilharias ou pela ilusão de que um batom pode melhorar nosso destino.

Entre os seres humanos, tal como em outras espécies, os machos também são vaidosos; embelezam-se, fazem barulho e inflam a plumagem para atrair as melhores fêmeas e inocular sua semente. A exigência biológica de reproduzir-se é implacável. E para esse fim a beleza desempenha um papel fundamental.

Uma amiga me manda frequentemente imagens de aves exóticas pelo celular. A imaginação da natureza para combinar cores e formas da plumagem é prodigiosa. Um passarinho diminuto da selva centro-americana exibe um verdadeiro arco-íris para atrair uma fêmea de aspecto insignificante. Quanto mais promíscuo e vistoso é o macho da espécie, mais feia é a fêmea. Ah, ironias da evolução! Esse passarinho, quando calcula que há uma possível namorada por ali, escolhe um lugar com boa luz e passa a limpá-lo meticulosamente, retirando do chão folhas, galhos e qualquer outra coisa que possa competir com ele. Com o cenário desimpedido e pronto, instala-se no centro, canta e cria, magicamente, um leque fluorescente de plumas verdes. A selva se esvaece em deferência à formosura desse trovador vaidoso.

Somos criaturas sensuais, vibramos com sons, cores, fragrâncias, texturas, sabores, tudo o que agrada nossos sentidos. Comovemo-nos não só com a beleza de nosso planeta, que nos oferece aquela ave do leque verde, como também com o que a humanidade pode criar. Há muito tempo, quando meus netos tinham cinco, três e dois anos, respectivamente, eu trouxe de uma viagem à Ásia um caixote de madeira bastante volumoso. Nós o abrimos na sala, e dentro dele, deitada sobre palha, descansava uma estátua de alabastro de um metro de altura. Era um Buda sereno, jovem e esbelto, meditando com os olhos fechados. As três crianças largaram os brinquedos e, por um bom tempo, ficaram mudas, fascinadas, contemplando a estátua como se entendessem perfeitamente que estavam diante de algo extraordinário. Muitos anos depois, meus netos ainda cumprimentam o Buda toda vez que entram em minha casa.

Depois da morte de meus pais, coube-me a triste tarefa de desmantelar a casa deles. Minha mãe tinha dado um jeito de comprar móveis, adornos e objetos de qualidade em cada destino diplomático. Não foi fácil, porque tio Ramón precisava sustentar quatro filhos seus e três dela, por isso o dinheiro sempre estava curto. O argumento de Panchita era que o refinamento não se dá por geração espontânea e não sai barato. Cada aquisição provocava uma briga. As alfaias daquela casa viajaram tanto pelo mundo que, se isso representasse valor agregado, custariam uma fortuna.

Eu adorava ver minha mãe no cenário que tinha criado para si mesma, como aquele passarinho de peito verde. Dela herdei o desejo de arrumar a casa, mas estou consciente de que nada é permanente, tudo muda, decompõe-se, desintegra-se ou morre, portanto não me apego a nada.

Ao repartir os pertences de meus pais, aprendi que muito do que eles acumularam já não tinha valor, porque na vida moderna não há tempo para sacudir tapetes persas, polir prataria ou lavar cristal à mão, nem há espaço para quadros, piano de cauda ou móveis antigos. De tudo aquilo de que minha mãe cuidou tanto, só fiquei com algumas fotografias, um retrato dela pintado em Lima, quando era uma jovem muito infeliz, e um antigo samovar russo para servir chá a minhas Irmãs da Perpétua Desordem, círculo de amigas que formam meu assim chamado grupo de oração, que de reza não tem nada.

Uma jovem de 25 anos, beleza oficial na família e no círculo de amigos, com a atitude e a confiança outorgadas pelo título, disse-me: "Tenho alguma vantagem, sou alta e estou em melhor forma que a média; sou atraente. No entanto, por isso mesmo estou exposta ao assédio. Quando eu era adolescente um homem se aproveitou de mim. O abuso sexual e a humilhação duraram mais de um ano; eu tinha medo dele. Por sorte, minha família me ajudou incondicionalmente, e assim pude sair daquela relação tóxica. Eu era frágil, inexperiente e vulnerável, tive culpa por ser namoradeira e por não medir os riscos."

Impedi que ela enveredasse pelo caminho tão trilhado de culpar a vítima pelos atos do aproveitador. Aquilo não lhe aconteceu por ser bonita, mas simplesmente por ser mulher.

Segundo o mito popular, nós, mulheres, somos mais vaidosas que os homens porque nos preocupamos com a aparência, mas a vaidade masculina é muito mais profunda e cara. Observem suas fardas e condecorações, a pompa e a solenidade com que assumem ares de importância, os extremos a que chegam para impressionar as mulheres e provocar inveja em outros homens, seus brinquedos de luxo, como os automóveis, e seus brinquedos de supremacia, como as armas. Acredito podermos concluir que todos, homens e mulheres, pecamos por vaidade em termos semelhantes.

Panchita, minha mãe, sempre foi bonita e, temos de reconhecer, isso muitas vezes é vantagem. Há fotos dela aos três anos em que já se adivinha a beldade que viria a ser, e outras fotos, aos noventa e tantos, em que sem dúvida era bonita; mas em sua família não se mencionava o aspecto físico, era de mau gosto. O normal era não elogiar as crianças para evitar que se tornassem presunçosas; se tirassem as melhores notas da classe, não teriam feito nada mais que a obrigação; se ganhassem o campeonato de natação, deveriam esmerar-se para bater o recorde; se a menina se tornou bonita, não tem do que se gabar, porque isso ela deve a seus genes. Nada era suficiente. Assim foi minha infância, e a verdade é que isso me preparou para as asperezas da vida.

Não espero que me louvem. Quando meus netos eram pequenos, tentei aplicar o método chileno de criação, mas os pais deles impediram; receavam que a avó desalmada traumatizasse as crianças.

Panchita viveu sem valorizar o dom da beleza até a maturidade, quando, de tanto ouvi-lo dos outros, acabou por acreditar. Quando levei Roger, meu último namorado, ao Chile para apresentá-lo a meus pais, ele ficou impressionado com ela e lhe disse que era muito bonita. Ela indicou o marido e respondeu, com um suspiro: "Ele nunca me disse isso." Tio Ramón interveio secamente: "É verdade, mas eu vi primeiro."

Nos últimos meses de vida, quando precisava de assistência para tudo, até para as coisas mais íntimas, minha mãe comentou comigo que tinha se conformado a aceitar ajuda e a agradecê-la. "Com a dependência a gente se torna humilde", confessou. E, depois de uma pausa em que essas palavras ficaram dando voltas em sua cabeça, acrescentou: "Mas a humildade não exclui a vaidade." Vestia-se com toda a elegância que a imobilidade lhe permitia, queria que lhe passassem creme hidratante no corpo inteiro quando a ajudavam a levantar-se e a deitar-se; uma cabeleireira ia lavar-lhe os cabelos e penteá-los duas vezes por semana, e ela se maquiava diariamente, mas com discrição, "porque não há nada mais ridículo que uma velha rebocada", dizia. Aos noventa e tantos anos olhava-se no espelho, satisfeita. "Acho que não estou mal, apesar dos estragos da idade. As poucas amigas que me sobram parecem umas iguanas."

De minha mãe herdei a vaidade, mas a mantive enterrada no mais fundo de meu ser durante muitos anos, até conseguir me livrar da voz de meu avô, zombando de quem pretende ser o que não é. Isso incluía batom e esmalte de unhas, porque ninguém nasce com a boca e as unhas pintadas.

Aos 23 anos fiz mechas loiras, as famosas "luzes", que estavam na moda. Meu avô me perguntou se um gato tinha urinado na minha cabeça. Envergonhada, deixei de visitá-lo vários dias, até que ele me ligou, para saber o que estava acontecendo. Não voltou a mencionar meu cabelo, e entendi que nem sempre era preciso fazer caso do que ele dizia. Talvez eu tenha começado a cultivar a vaidade com esse incidente, não como o pecado que era para meu avô, mas como o prazer inócuo que ela pode ser se não for levada a sério. Não me arrependo de ter-me permitido ser vaidosa desde então, mas admito que me custou energia, tempo e dinheiro perseguir um ideal até compreender, finalmente, que a única coisa razoável é tirar partido daquilo que a natureza me deu. O que não é muito.

Como sou desprovida dos atributos físicos de Panchita, minha vaidade exige muita disciplina. Pulo da cama uma hora antes dos demais moradores da casa para tomar uma ducha e dar um jeito na cara, porque, quando acordo, pareço um boxeador surrado. A maquiagem é minha melhor amiga, e a roupa adequada ajuda a disfarçar o colapso de algumas peças anatômicas que despencaram e eu já não encontro. Evito andar na moda, porque é arriscado. Em algumas fotografias antigas, apareço grávida de sete meses, com minissaia e os cabelos avolumados, como se estivesse usando duas perucas. Não me convém andar na moda.

Para uma mulher vaidosa, como eu, é duro envelhecer. Por dentro ainda sou sedutora, mas ninguém nota. Confesso que a invisibilidade me ofende um pouco, prefiro ser o centro das atenções. Quero continuar sendo sensual — dentro de certos limites —, e para tanto é conveniente sentir-se desejada, mas na minha idade isso não acontece facilmente. Em geral a sensualidade é questão de hormônios e imaginação. Tomo comprimidos para repor os primeiros e por enquanto não me falta a segunda.

Por que tanta preocupação com minha aparência? Onde ficou o feminismo? Porque me dá prazer. Gosto de tecidos, cores, maquiagem e da rotina de me arrumar toda manhã, mesmo passando a maior parte do tempo fechada no sótão, escrevendo. "Ninguém me vê, mas eu me vejo", como dizia minha mãe filosoficamente, sem se referir apenas ao físico, mas também a aspectos profundos do caráter e da conduta. É minha maneira de desafiar a decrepitude. É de grande ajuda contar com um apaixonado que me vê com o coração; para Roger sou uma supermodelo, só que muito mais baixinha.

À medida que os anos se acumulam, minha ideia da sensualidade muda. Em 1998 escrevi um livro sobre afrodisíacos, uma espécie de memória dos sentidos, que naturalmente se intitula *Afrodite*. Afrodisíacos são aquelas substâncias que aumentam o desejo e a capacidade sexual. Antes da popularização de remédios como o Viagra, confiava-se em certos alimentos que supostamente propiciavam esse efeito. Bom exemplo disso é a berinjela; as noivas da Turquia precisavam aprender a cozinhar dezenas de receitas de berinjela para garantir o entusiasmo do futuro marido em fazer malabarismos. Acho que agora os maridos preferem hambúrguer.

Os afrodisíacos se desenvolveram em países como China, Pérsia e Índia, onde o homem precisava satisfazer várias mulheres. Na China, o bem-estar da nação podia ser medido pelo número de filhos gerados pelo imperador, que para isso contava com centenas de jovens concubinas.

Passei um ano investigando para escrever *Afrodite*; lia e procurava inspiração em lojas de erotismo, fazendo experiências com receitas afrodisíacas na cozinha e submetendo os pratos à prova. Os afrodisíacos são como os feitiços. Aconselho a quem pretenda ministrá-los que o anuncie à vítima, se quiser resultados visíveis. Isso eu descobri com os amigos que vinham como cobaias experimentar meus pratos. A receita só surtia efeito nos convidados que fossem devidamente informados de seu caráter afrodisíaco. Suponho que era isso o que acontecia, porque se despediam rapidamente. Os outros nem percebiam. A autossugestão opera milagres.

Antes eu tinha a fantasia de passar uma noite em companhia de Antonio Banderas, mas agora essa remota possibilidade me parece exaustiva. Muito mais sensual é, depois de uma longa ducha, deitar-me com Roger e minhas cachorras entre dois lençóis bem passados para ver televisão. E para isso não preciso de roupa íntima de seda para disfarçar a celulite.

Quando escrevi *Afrodite*, tinha cinquenta e seis anos. Hoje não poderia escrever esse livro: o tema me parece fantasioso, cozinhar me entedia e não tenho a menor intenção de ministrar afrodisíacos a ninguém. No passado eu dizia com frequência que não podia escrever um livro erótico porque minha mãe estava viva. Depois que Panchita morreu, várias leitoras me escreveram, pedindo que o fizesse. Sinto muito, receio que seja tarde, porque minha mãe demorou muito para se despedir deste mundo, e agora o erotismo me interessa bem menos que a ternura e o riso. Talvez precise aumentar minha dose de estrógeno e começar a passar creme de testosterona na barriga.

Não gostaria de voltar a cometer as besteiras épicas que cometi entre os trinta e os cinquenta anos, por culpa da paixão sexual, mas também não quero esquecê-las, porque são como medalhas de honra ao mérito.

Admito, porém, que às vezes o coração apaixonado me turva o entendimento. Quando não é alguma causa que me obceca, como a justiça, a defesa dos pobres e dos animais e, óbvio, o feminismo, quase sempre o que me turva a razão é um amor fulminante. Foi assim em 1976, na Venezuela, quando me apaixonei por um músico argentino que tinha fugido da chamada "guerra suja" em seu país. Deixei meu bom marido e meus dois filhos para segui-lo até a Espanha, tive uma tremenda decepção e voltei para minha família com o coração em frangalhos e o rabo entre as pernas. Haveriam de se passar dez anos antes que meus filhos perdoassem essa traição.

Aquele Flautista de Hamelin não foi o único amante por quem fiz loucuras. Em 1987, numa turnê literária, conheci Willie, um advogado da Califórnia. Sem vacilar, abandonei minha casa em Caracas, despedi-me dos filhos, que já eram adultos e não precisavam mais de mim, e fui morar com ele, sem bagagem e sem ter sido convidada. Pouco tempo depois, arranjei um jeito de obrigar Willie a se casar comigo, porque precisava de um visto que me possibilitasse trazer meus filhos para os Estados Unidos.

Na minha idade, vive-se a paixão como na juventude, mas, antes de cometer uma imprudência, penso algum tempo, digamos dois ou três dias. Do mesmo modo me deixei seduzir em 2016, aos setenta e tantos anos, quando o homem adequado cruzou meu caminho: um impulso do coração. Esse foi o homem que haveria de se tornar meu terceiro marido, mas não quero adiantar-me. Paciência, logo lhes falarei de Roger.

A paixão erótica acalmou-se bastante em mim e talvez um dia desapareça, porque dizem que ela passa com a idade. Não há motivo para considerar essa possibilidade ainda; espero que, se ocorrer, a paixão possa ser substituída por humor, ternura e companheirismo, como fazem algumas amigas de minha idade que vivem com alguém. Pergunto-me o que fazer se a paixão esfriar em um dos dois, se sua libido se perder antes que isso ocorra no outro. Não sei, verei o que fazer se chegar o momento.

A emancipação da mulher não é incompatível com sua feminilidade, acho até que são complementares. Um espírito livre pode ser sexy, dependendo de como o olhem. Admito modestamente que não me faltaram pretendentes em minha prolongada existência, apesar do feminismo. Superei a menopausa há três décadas e ainda consigo ser sexy privadamente, mediante certas estratégias, é óbvio. À luz de vela posso enganar algum distraído, desde que ele tenha tomado três taças de vinho, tirado os óculos e não recue diante de uma companheira que tome a iniciativa.

P or sorte, a sexualidade já não está sujeita a regras fixas ou a classificações. Meus netos me garantem que são não binários e, quando me apresentam a amigos, preciso perguntar qual é o pronome preferido de cada um. Não me é fácil lembrá-los, porque moro na Califórnia, o inglês é minha segunda língua e às vezes é preciso conjugar o verbo no singular com um pronome no plural. Em espanhol é mais complicado, porque os substantivos e adjetivos têm gênero.

O questionamento dos pronomes começou na ex-Iugoslávia, que, entre 1991 e 2006, ao fim de guerras terríveis, fraturou-se em seis repúblicas soberanas: Eslovênia, Croácia, Bósnia-Herzegovina, Montenegro, Macedônia do Norte e Sérvia. Nesse ambiente de guerra e machismo extremo, o patriotismo era uma mescla inseparável de patriarcado, nacionalismo e misoginia. A masculinidade definiu-se como força, poder, violência e conquista. As mulheres e as meninas pertencentes ao próprio grupo deviam ser protegidas e dar à luz filhos para a nação. As do inimigo eram violentadas e torturadas, com o objetivo sistemático de engravidá-las e humilhar os homens. O cálculo mais conservador é de vinte mil mulheres muçulmanas da Bósnia violentadas pelos sérvios, mas o número pode ter sido muito maior.

No fim do conflito, a juventude repudiou a divisão de gênero imposta pelo ultranacionalismo, recusou-se a ser classificada em masculino ou feminino e substituiu o uso dos pronomes por outros não binários. Essa prática chegou aos Estados Unidos e ao restante da Europa vários anos depois. Em espanhol foram adotados os pronomes "elle" e "elles", além da terminação neutra para substantivos e adjetivos, como, por exemplo, "amigue" em vez de "amiga" ou "amigo". Também se usa em alguns casos a terminação feminina em vez de masculina, como o partido político Unidas Podemos, em vez de Unidos Podemos. É complicado, mas suponho que, se a prática se impuser, acabaremos por nos acostumar.

A linguagem é muito importante porque costuma determinar a forma como pensamos. As palavras são poderosas. Ao patriarcado convém classificar as pessoas, pois assim é mais fácil exercer controle. Aceitamos automaticamente ser postos em categorias de gênero, raça, idade etc., mas muitos jovens estão desafiando essas divisões.

Aparentemente estão fora de moda os papéis feminino e masculino, é possível escolher entre diversas alternativas, segundo o estado de espírito, mas sou fatalmente heterossexual, e isso limita muito minhas opções; mais conveniente seria ser bissexual ou lésbica, porque as mulheres de minha idade são mais interessantes e envelhecem melhor que os homens. Acham que estou exagerando? Deem uma olhada ao redor.

As forças do obscurantismo, especialmente as religiosas e as da tradição, negam à mulher o direito a exercer sua sexualidade e ao prazer. Há muitos exemplos disso, desde a obsessão pelo hímen e pela fidelidade feminina até a mutilação genital e a burca. A mulher sexual assusta o homem. Ele tem de controlá-la para se assegurar de que ela não terá relações múltiplas, de que não poderá compará-lo com outros ou prescindir dele. Se ela buscar prazer e variedade, ele não poderá ter certeza de sua paternidade.

No Ocidente essas forças do obscurantismo tiveram de retroceder, mas continuam espreitando. Cresci num tempo de machismo galopante, em que o desejo sexual e a promiscuidade eram privativos dos homens. Supunha-se que as fêmeas são naturalmente castas e precisam ser seduzidas. Não podíamos contribuir com a nossa sedução, devíamos fingir que cedíamos por cansaço para não sermos tachadas de "fáceis". Se o fizéssemos, e o homem contasse sua façanha, ficávamos "invocadas" e passávamos à categoria das "descaradas". O impulso sexual feminino era negado, e qualquer alternativa à relação heterossexual e monogâmica, considerada desvio ou pecado.

Homens néscios que acusais
a mulher sem ter razão,
pois sois vós a ocasião
disso mesmo que culpais:
se com ânsia sem igual
solicitais seu desdém,
por que quereis que ajam bem
quando as incitais ao mal?

Quem mais culpa terá tido
em uma paixão errada:
a que cai porque rogada
ou quem roga já caído?
Quem deverá mais tocar
a culpa que os dois esmaga:
a que peca pela paga
ou quem paga pr'a pecar?

Homens néscios, de JUANA INÉS DE LA CRUZ

Ao longo da vida, tenho demonstrado ser uma romântica incurável, mas, na literatura, a história de amor é um tremendo desafio para mim. Faz muitos anos que escrevo, sem ter desenvolvido o talento das mestras do romance sentimental, e sei que nunca conseguirei. Tento imaginar o amante que minhas leitoras heterossexuais desejariam, mas essa síntese de virtudes masculinas não me vai. Supõe-se que o ideal seja bonito, forte, rico ou poderoso, nada bobo, desiludido do amor, mas pronto a deixar-se seduzir pela protagonista, enfim, o de sempre. Não conheço ninguém que pudesse me servir de modelo.

Quando consigo criar um amante cinematográfico, digamos um jovem idealista e valente, puro músculo, cabelos longos e pretos, olhos de veludo, como o Huberto Naranjo de *Eva Luna*, ele sempre acaba por ser perigoso ou esquivo; sua atratividade costuma ser fatal para minha personagem feminina, que terminará com o coração despedaçado, a não ser que eu o mate oportunamente no meio da história. Às vezes o herói é boa pessoa, mas, se ficar muito romântico, terá de morrer para evitar o final feliz dos romances água com açúcar, como o Ryan Miller de *O Jogo de Ripper*. Nesse caso precisei escolher entre matá-lo ou matar seu cão, Atila. O que vocês teriam feito?

Os amantes de meus livros são guerrilheiros fanáticos, mercadores com lábio leporino, professores vegetarianos, octogenários invisíveis, soldados mutilados etc. Entre as poucas exceções que sobrevivem a meu instinto assassino, estão o capitão Rodrigo de Quiroga e o Zorro. O primeiro é personagem histórico, o valente conquistador do Chile, marido de Inés Suárez. Salvou-se de minha tesoura porque não o inventei; na vida real, morreu guerreando quando já velho. O Zorro tampouco é criação minha. Esse mascarado da Califórnia tem mais de cem anos de existência e ainda escala sacadas para seduzir donzelas inocentes e esposas entediadas. Não posso matá-lo porque o copyright pertence a uma empresa com bons advogados.

M eus netos tentaram instruir-me sobre as múltiplas formas de amor que hoje imperam entre os jovens. Quando me falaram de relações poliamorosas, por exemplo, disse-lhes que elas sempre existiram. Quando eu era jovem, nos anos 1960 e 1970, isso se chamava amor livre, mas eles me garantem que não é a mesma coisa, porque muitos já não se definem como binários — masculino/feminino —, e as combinações de casais e grupos são mais interessantes que as de meu tempo. Odeio quando falam de "meu tempo". Este é meu tempo! Mas devo admitir que, infelizmente, já não tenho idade para me aventurar no terreno das modernas relações poliamorosas não binárias.

Já que estamos falando de amor moderno, não posso deixar de me referir ao amor pela internet, como se usa agora. Em 2015, quando me divorciei de Willie, meu segundo marido, depois de 28 anos de vida em comum, decidi viver sozinha numa casa pequena. Casar-me de novo e recomeçar tudo com um velho cheio de manias e achaques parecia-me um pesadelo, e atrair algum amante era uma possibilidade tão remota quanto a de me brotarem asas. Apesar disso, algumas amigas mais jovens me sugeriram procurar na internet. Como fazer isso, se não sou capaz nem de encomendar alguma coisa na Amazon?

Ninguém responderia a meu anúncio: "Avó de 72 anos, imigrante latina documentada, feminista, baixinha e sem habilidades domésticas procura um companheiro asseado e com bons modos para ir a restaurantes e ao cinema."

O eufemismo para boa disposição sexual é "espontâneo", ou algo assim vago. Não sou "espontânea" abstratamente, preciso de intimidade, penumbra, simpatia e marijuana. Em nós, mulheres, a paixão sexual diminui ou desaparece com a idade, a menos que estejamos apaixonadas. Aparentemente, não é o que acontece com os homens. Li em algum lugar — o que deve ser mito — que eles pensam em sexo a cada três minutos em média e se aferram a suas fantasias eróticas até morrer, embora muitos já nem sequer lembrem o que é ereção. É surpreendente que consigam realizar algo na vida em tais condições.

Qualquer sessentão barrigudo e rabugento se sente capaz de cortejar uma mulher vinte ou trinta anos mais jovem, como se pode verificar diariamente; em contrapartida, uma mulher idosa com um sujeito jovem ainda é obsceno. Eis aqui um exemplo de anúncio na internet: "Contador aposentado, setenta anos, especialista em vinhos e restaurantes, procura mulher entre 25 e 30 anos, de peitos grandes, com alto nível de libido, para viver bons momentos." Pergunto-me quem responde a esse tipo de anúncio. Como a maioria dos homens procura mulheres muito mais jovens que eles, algum incauto que se interessasse por meu anúncio haveria de ter uns cem anos.

Minha curiosidade de jornalista me induziu a investigar, e comecei a entrevistar mulheres de diversas idades que haviam recorrido à internet para encontrar um parceiro. Também investiguei algumas agências de matrimônio que se mostraram fraudulentas. Por uma quantia astronômica, garantiam oito encontros com homens adequados. Ofereceram-me profissionais cultos, progressistas, entre 65 e 75 anos, com boa saúde etc. Saí com três ou quatro senhores que se ajustavam a essa descrição e logo percebi que trabalhavam para a agência. Eram os mesmos sujeitos que saíam com todas as clientes para cumprir a quota estipulada de oito encontros.

A internet é mais honesta, e é muito auspicioso o número de casais que se formam por meio dela. Às vezes, porém, presta-se a abusos. Judith, jovem atraente de 31 anos, ficou quarenta minutos num bar esperando a pessoa com quem tinha marcado encontro. Quando se deu por vencida e estava chegando ao carro, recebeu uma mensagem de texto: "Estou no bar, mas não me aproximei porque você é feia, gorda e velha." Por que tanta maldade, pergunto? Judith passou meses deprimida por culpa de um imbecil que tinha prazer em fazer mal a uma desconhecida.

Eis aqui outro caso interessante. Brenda, executiva bem-sucedida de 46 anos, apaixonou-se, via internet, por um romântico e ardente arquiteto inglês. Estavam separados por nove horas de fuso horário e outras dez de avião, mas unidos por tantas ideias e inclinações comuns que pareciam ter crescido juntos. O arquiteto comungava com Brenda desde os gostos musicais até a predileção por gatos persas. Em algumas oportunidades, ele quis viajar à Califórnia para poderem conhecer-se, mas foi impedido pelas exigências do trabalho. Ela se propôs ir a Londres, mas ele queria vê-la em seu ambiente, em sua casa, com suas amizades e seus gatos de exposição. Finalmente, combinaram que se encontrariam assim que ele regressasse da Turquia, onde tinha um projeto muito importante.

Estavam nisso quando Brenda recebeu o telefonema de um advogado: este dizia que o arquiteto, num carro alugado, tinha atropelado uma pessoa em Istambul, que estava preso e desesperado, que as condições da prisão eram um pesadelo, e ele precisava com urgência de um empréstimo para a fiança, que devia ser depositado em certa conta.

Brenda estava muito apaixonada, mas não era burra. A quantia era altíssima, mesmo para alguém com tantos recursos como ela, e, antes de fazer a transferência, consultou um detetive local. "Minha senhora, não vou lhe cobrar nada, porque nem preciso investigar esse caso, eu o conheço de cor", disse-lhe o detetive e passou a lhe explicar que se tratava de um vigarista conhecido, ator desempregado de Los Angeles, especializado em encontrar mulheres sozinhas e endinheiradas na internet. Averiguava tudo o que era possível sobre elas, para criar o pretendente ideal. Brenda tinha uma página na web com muitas informações pessoais, e o restante ele arrancou durante longas conversas, com seu falso sotaque de aristocrata inglês. Seduziu-a tal como fizera várias vezes antes com outras mulheres.

Ela não enviou o dinheiro para a suposta fiança e nunca mais ouviu falar do sujeito. A desilusão foi tão monumental que não conseguiu lamentar a perda do amor, só agradecer o fato de ter se salvado a tempo. A moral da história, segundo ela, é: não se deve confiar em arquitetos ingleses.

Não tenho a astúcia de Brenda. Não só teria juntado o dinheiro para a fiança, como também teria viajado naquela mesma noite à Turquia, para tirar o homem do calabouço. Felizmente não precisei me expor a nada disso nem fiquei sozinha, como tinha planejado, porque o céu me mandou o trovador que eu não andava procurando.

Falamos de paixão sexual e romântica, mas o que significa ser apaixonada? De acordo com o dicionário, é uma perturbação ou afeto desordenado do espírito; também é descrita como uma emoção poderosa e irresistível que pode conduzir a ações obsessivas ou perigosas. Minha própria definição é menos sombria. Paixão é entusiasmo irrefreável, energia exuberante e entrega decidida a algo ou alguém. O bom da paixão é que nos impele para a frente e nos mantém engajados e jovens. Treinei durante anos para chegar a ser uma velha apaixonada, assim como outros treinam para escalar montanhas ou participar de competições de xadrez. Não quero que a cautela própria da idade destrua minha paixão pela vida.

Mencionei Eliza Sommers, protagonista de *Filha da fortuna*. Sem dúvida ela era ousada e valente, porque embarcou clandestinamente num cargueiro para navegar durante semanas pelo Pacífico até a Califórnia, mas, diferentemente dos aventureiros, bandidos, fugitivos da justiça e outros homens loucos de ambição, que chegaram em busca de ouro, ela o fez por amor. Era um amor apaixonado por um jovem que talvez não a merecesse. Procurou-o em toda parte, com uma paixão tenaz, suportando condições duríssimas, numa região hostil e muito perigosa, com a sombra da violência e da morte sempre à espreita.

Quase todas as protagonistas femininas de meus livros são apaixonadas, porque esse é o tipo de gente que me interessa: a que se arrisca e é capaz de cometer ações obsessivas ou perigosas, como diz o dicionário. Uma vida tranquila e segura não é bom material para a ficção. Algumas vezes fui descrita como pessoa apaixonada, porque não fiquei tranquila em casa, como se esperava de mim, mas devo avisar que nem sempre minhas ações arriscadas foram motivadas por um temperamento apaixonado, mas por circunstâncias que me lançaram em direções inesperadas, e não tive outra solução, senão lutar. Vivi num mar tormentoso, com ondas que me elevavam e depois me precipitavam no vazio. Tão fortes foram essas ondas que, antes delas, quando tudo ia bem, em vez de relaxar na paz do momento, eu me preparava para a queda violenta, que acreditava inevitável. Já não é assim. Agora navego à deriva, no dia a dia, contente apenas com o fato de flutuar enquanto é possível.

Embora fosse muito apaixonada quando jovem, não me lembro se alguma vez tive ambições literárias; acho que a ideia não me ocorreu porque ambição era coisa de homem e, aplicada à mulher, era insulto. Foi preciso o movimento de libertação feminina para que algumas mulheres se apoderassem desse conceito, tal como fizeram com a ira, a assertividade, a competição, o gosto pelo poder, o erotismo e a determinação a dizer NÃO. Em minha geração, de vez em quando agarrávamos as oportunidades disponíveis, que não eram muitas, mas raramente traçávamos um plano para triunfar.

Na falta de ambição, tive sorte. Ninguém, muito menos eu, podia prever a aceitação instantânea de meu primeiro romance e do restante de meus livros. Talvez minha avó tivesse razão quando profetizou que sua neta seria afortunada, porque nasceu com uma mancha em forma de estrela nas costas. Durante anos achei que isso me distinguia, mas o fato é que é muito comum e, além disso, vai se apagando com o tempo.

Sempre fui disciplinada no trabalho, pois fiquei marcada pela admoestação de meu avô, de que todo tempo ocioso é tempo morto. Essa foi minha norma durante décadas, mas aprendi que o ócio pode ser terra fértil onde floresce a criatividade. Já não me atormento com um excesso de disciplina, como antes; escrevo pelo prazer de contar uma história palavra por palavra, passo a passo, desfrutando o processo e sem pensar no resultado. Não me amarro a uma cadeira por dias inteiros para escrever com concentração de tabelião. Posso relaxar, porque gozo do raro privilégio de ter leitoras leais e bons editores que não tentam influenciar meu trabalho.

Escrevo sobre o que me importa, em meu próprio ritmo. E nas horas ociosas, que meu avô chamava de horas desperdiçadas, os fantasmas da imaginação se transformam em personagens definidos, únicos, com voz própria e dispostos a me contar sua vida, se eu lhes der tempo suficiente. Sinto-os ao meu redor com tanta certeza que me espanta que ninguém mais os perceba.

Vencer minha disciplina obsessiva não foi coisa de um dia para o outro, demorei anos. Na terapia e em minha escassa prática espiritual, aprendi a dizer a meu superego que vá ao diabo e me deixe em paz, pois quero gozar de minha liberdade. Superego não é o mesmo que consciência: ele nos castiga, ela nos guia. Deixei de dar atenção ao capataz que vive dentro de mim, impondo-me perfeição e desempenho com a voz de meu avô. A árdua corrida ladeira acima terminou, agora passeio tranquilamente pelo território da intuição, que mostrou ser o melhor ambiente para a escrita.

Meu primeiro romance, *A casa dos espíritos*, foi publicado em 1982, em pleno boom da literatura latino-americana, como foram chamados os livros magníficos de um grupo de famosos escritores do continente. O boom foi um fenômeno masculino. As escritoras da América Latina eram ignoradas por críticos, professores, estudantes de literatura e pelas editoras, que, caso as publicassem, faziam-no em edições insignificantes, sem promoção nem distribuição adequadas. A aceitação que meu romance teve foi uma surpresa. Afirmou-se que eu tinha tomado o mundo literário de assalto. Caramba! Logo ficou evidente que o público leitor de romances era majoritariamente feminino; existia um mercado importante, esperando que as editoras acordassem. Foi o que aconteceu, e trinta e tantos anos depois se publica tanto ficção escrita por mulheres quanto por homens.

E este é o momento de prestar homenagem póstuma a Carmen Balcells, outra das mulheres inesquecíveis que me ajudaram a avançar no caminho da vida. Carmen, famosa agente literária de Barcelona, era a boa mãe de quase todos os grandes escritores do boom e de centenas de outros autores em língua espanhola. Ela teve olho para reconhecer algum mérito em meu primeiro romance e conseguir sua publicação na Espanha, depois, em muitos outros países; a ela devo o que consegui neste estranho ofício da escrita.

Eu era uma desconhecida que tinha escrito um primeiro romancezinho na cozinha de seu apartamento em Caracas. Carmem me convidou a ir a Barcelona para o lançamento do livro. Não me conhecia por nada e tratou-me como uma celebridade. Ofereceu uma festa em grande estilo em sua casa para me apresentar à elite intelectual da cidade: críticos, jornalistas e escritores. Eu não conhecia ninguém, estava vestida como hippie e completamente deslocada, mas ela me tranquilizou com uma única frase: "Aqui ninguém sabe mais que você, todos improvisamos." Isso me lembrou o conselho que o tio Ramón me dava sempre: "Lembre-se de que todos têm mais medo que você."

Aquele jantar foi a única ocasião em que vi servir caviar russo com concha de sopa. À mesa, ela levantou sua taça para fazer um brinde a meu livro e justamente nesse instante acabou a energia elétrica e ficamos na escuridão. "Os espíritos dessa chilena vieram brindar conosco. Saúde!", disse sem vacilar um instante, como se tivesse ensaiado.

Carmen foi minha mentora e amiga. Dizia que não éramos amigas, que eu era sua cliente e ela era minha agente, que só estávamos unidas por uma relação comercial, mas isso não era verdade de modo algum. (Também não era verdade quando dizia que gostaria de ter sido mulher-objeto. Não posso imaginar alguém menos dotado para esse papel.) Carmen esteve a meu lado, sempre incondicionalmente presente, nos momentos mais significativos, desde a doença de Paula até os casamentos e divórcios.

Aquela mulher, capaz de enfrentar o maior dos brutamontes, consultava sua astróloga, acreditava em sensitivos, gurus e magia, emocionava-se e chorava com facilidade. Chorava tanto que Gabriel García Márquez lhe dedicou um de seus livros: "A Carmen Balcells, banhada em lágrimas."

Era de uma generosidade louca. Enviou à minha mãe, no Chile, oitenta rosas brancas quando ela fez oitenta anos, e ao tio Ramón, noventa e nove em seu aniversário. Nunca se esquecia dessa data porque ambos tinham nascido no mesmo dia de agosto. Uma vez me presenteou com um jogo completo de malas Vuitton, porque achou minha bagagem ordinária e antiquada. Todas me foram roubadas no aeroporto de Caracas na primeira e única vez que as usei, mas isso eu não contei a Carmen, porque ela as teria substituído sem vacilar. Mandava-me tantos chocolates que ainda me ocorre encontrar alguns nos rincões mais inesperados de minha casa.

A morte súbita daquela catalã formidável deixou-me por algum tempo com a sensação de ter perdido o salva-vidas que me mantinha na superfície do mar tempestuoso da literatura, mas a agência que ela constituiu com seu talento e visão continua funcionando sem tropeços sob a direção de seu filho Lluís Miquel Palomares.

A foto de Carmen está sobre minha escrivaninha para me lembrar seus conselhos: qualquer pessoa pode escrever um bom primeiro livro, mas o escritor se comprova no segundo e nos seguintes; você será duramente julgada, porque nas mulheres ninguém perdoa o sucesso; escreva o que quiser, não permita que ninguém se meta em seu trabalho nem com seu dinheiro; trate seus filhos como príncipes, eles merecem; case-se: um marido, por mais tonto que seja, cai bem.

Tal como Carmen avisou, passaram-se décadas até eu obter o reconhecimento que qualquer autor masculino em minha situação daria por certo. Foi no Chile que encontrei mais dificuldade para ser aceita pela crítica, embora sempre tenha contado com o afeto dos leitores. Não guardo o menor ressentimento em relação a esses críticos, porque é uma característica do país que qualquer um que se eleve acima da média seja acachapado, com exceção dos jogadores de futebol. Temos um substantivo e um verbo para isso: *chaqueteo* e *chaquetear*. Quer dizer, catar o atrevido pela falda do paletó (*chaqueta*) e puxá-lo para baixo. Se a vítima for mulher, a crueldade e a pressa se duplicarão, para evitar que a fama lhe suba à cabeça. Se não me "chaqueteassem", ficaria assustada, significaria que não tenho a menor importância.

Depois de eu ter publicado vinte livros traduzidos para mais de quarenta idiomas, um escritor chileno, cujo nome não lembro, disse, a respeito de minha candidatura ao Prêmio Nacional de Literatura, que eu nem escritora era, que era escrevinhadora. Carmen Balcells lhe perguntou se ele tinha lido alguma coisa minha para fundamentar sua opinião, e ele respondeu que nem morto leria. Em 2010, com o apoio de quatro ex-presidentes da república, de vários partidos políticos e da Câmara dos Deputados, outorgaram-me esse prêmio e desde então finalmente ganhei algum respeito dos críticos de meu país. Carmen me mandou cinco quilos de chocolates recheados de laranjas cristalizadas, meus favoritos.

Mae West, diva do cinema antigo, dizia que nunca se é velha demais para rejuvenescer. O amor rejuvenesce, disso não há dúvida. Estou vivendo um novo amor e talvez por isso me sinta sadia e entusiasmada, como se tivesse trinta anos a menos. Em meu caso particular, trata-se de um excesso de endorfina, hormônio da felicidade. Parece que em geral todos nos sentimos mais jovens do que os anos cronológicos que temos e nos surpreendemos quando o calendário nos lembra que já se passou outro ano ou outra década. O tempo escoa depressa entre nossos dedos. Esqueço-me tanto de minha idade que fico desconcertada quando me oferecem assento no ônibus.

Sinto-me jovem porque ainda consigo me espojar no chão com as cachorras, dar uma escapada para tomar sorvete, lembrar o que comi no desjejum e fazer amor sorrindo. Por prudência, porém, não ponho minhas capacidades à prova e aceito calada minhas limitações; faço menos que antes e meço meu tempo, porque me demoro mais em qualquer tarefa; recuso compromissos desagradáveis, que antes cumpria por obrigação, como viagens desnecessárias e reuniões sociais de mais de oito pessoas, nas quais desapareço na altura da cintura dos outros; evito crianças barulhentas e adultos mal-humorados.

É natural que com a idade venham as perdas. Perdemos pessoas, animais, lugares e a infindável energia de antes. Até os setenta anos eu conseguia fazer malabarismos com três ou quatro atividades simultâneas, trabalhar vários dias com um mínimo de sono e escrever dez horas de uma puxada. Era mais flexível e forte. Era capaz de levantar-me de manhã lançando as pernas para o ar e aterrissando com certa graça no chão, pronta para a ducha e para começar o dia. Ficar preguiçando na cama? Domingos ociosos? Sesta ao meio-dia? Nada disso era para mim. Agora me arrasto para fora da cama com cuidado para não incomodar meu companheiro e as cachorras. Tenho uma única responsabilidade, escrever, e custa-me uma eternidade começar, não sou capaz de escrever por mais de quatro ou cinco horas, e isso eu consigo com muito café e força de vontade.

O desejo de preservar a juventude existe desde sempre. A primeira menção conhecida da fonte da eterna juventude é de Heródoto, no século IV a.C. Os espanhóis e portugueses cobiçosos que conquistaram a América Latina no século XVI buscavam o Eldorado, cidade de ouro puro onde as crianças jogavam bola de gude com esmeraldas e rubis, e a Fonte da Juventude, cujas águas milagrosas apagavam os estragos da velhice. Não acharam nenhuma das duas. Já ninguém acredita no Eldorado, mas a miragem da eterna juventude persiste, sustentada por um arsenal de recursos para quem pode pagar, medicamentos, vitaminas, dietas, exercícios, cirurgias e até ampolas de placenta e injeções de plasma humano que seriam a delícia de Drácula. Suponho que para algo deve servir tudo isso, e a prova é que vivemos trinta anos mais que nossos avós, porém viver mais não significa viver melhor. De fato, a velhice prolongada tem um enorme custo social e econômico em nível individual e planetário.

D avid Sinclair, biólogo, professor de genética da Escola de Medicina de Harvard e autor de vários livros, afirma que o envelhecimento é doença e deve ser tratado como tal. Seus experimentos em nível molecular conseguiram deter e, em alguns casos, reverter o processo de envelhecimento em ratos. Diz ele que já existe tecnologia para que em futuro próximo possamos evitar os sintomas e os males da velhice, alimentando-nos com plantas e tomando um comprimido no desjejum. Em teoria poderíamos viver até os 120 anos com boa saúde e lucidez.

Por enquanto, até que Sinclair passe dos ratos aos humanos, o segredo da juventude prolongada talvez esteja na atitude, como dizia minha mãe e foi confirmado por Sophia Loren, a deusa italiana do cinema nos anos 1950-70. Falei de Sophia a meus netos (todos adultos), e eles não tinham ideia de quem era, mas isso não me espanta, porque também não sabiam quem era Gandhi. Conheci Sophia nos Jogos Olímpicos de Inverno, na Itália, em 2006, quando nos coube carregar a bandeira olímpica no estádio, junto a outras seis mulheres.

Sophia sobressaía no grupo como um pavão real entre galinhas. Não pude tirar os olhos dela, que tinha sido o símbolo sexual de uma época e aos setenta e tantos anos continuava espetacular. Qual é a fórmula de sua invencível atratividade e de sua juventude? Numa entrevista de televisão, disse que era a felicidade e que "tudo o que estão vendo eu devo aos talharins". Em outra entrevista acrescentou que o truque era a boa postura. "Ando sempre ereta e não faço ruídos de velha, nada de ofegar, queixar-me, tossir ou arrastar os pés." Atitude era seu mantra. Procurei seguir o conselho de Sophia quanto à postura, mas, em relação à bobagem dos talharins, tentei e ganhei cinco quilos.

Nada há de mau em envelhecer, exceto pelo fato de que a Mãe Natureza descarta os idosos. Terminados os anos reprodutivos e criados os filhos, somos descartáveis. Suponho que em certos lugares remotos, como em alguma hipotética aldeia de Bornéu, a idade seja venerada e ninguém queira ser jovem, pois é preferível ser idoso para ser respeitado, mas não é o que acontece por estes lados. Na atualidade repudia-se o preconceito contra a idade, tal como uma década atrás se denunciava o sexismo ou o racismo, mas ninguém faz caso. Existe uma indústria monumental de antienvelhecimento, como se envelhecer fosse uma falha de caráter.

Antes se chegava à idade adulta com vinte anos, à maturidade com quarenta, e a velhice começava aos cinquenta. Hoje a adolescência se estende até bem entrados os trinta ou quarenta anos, a maturidade ocorre em torno dos sessenta, e a velhice começa logo depois dos oitenta. A juventude foi prolongada para satisfazer os *baby boomers*, geração nascida depois da Segunda Guerra Mundial nos Estados Unidos, que definiu, segundo sua conveniência, muitos aspectos da cultura do último meio século.

Enfim, embora nos agarremos à ilusão da juventude, a maioria das pessoas de minha idade avança a passos largos para a decrepitude, e estaremos todos mortos antes que o preconceito de idade seja abolido.

Não chegarei a aproveitar esses progressos da ciência, mas seguramente meus netos atingirão os cem anos em plena forma. Conformo-me em envelhecer com alegria e, para esse fim, tenho algumas regras: já não faço concessões facilmente; dei adeus aos saltos altos, aos regimes e à paciência com os idiotas; e aprendi a dizer NÃO ao que não me agrada, sem me sentir culpada. Minha vida é melhor agora, mas não me interessa o repouso do guerreiro, prefiro manter algum ardor na mente e no sangue.

Mais que postura e talharins, como recomenda Sophia Loren, meu segredo para uma vida completa e uma velhice feliz é imitar minha amiga Olga Murray. Imaginem uma jovenzinha de 94 anos, sem óculos, aparelhos auditivos nem bengala, vestida de cores berrantes e calçando tênis, que ainda dirige seu carro, mas só para a frente e sem mudar de pista. Essa dama miúda, enérgica e apaixonada tem um propósito que guia seu destino, preenche seus dias e a mantém jovem.

Sua história é fascinante, mas terei de resumi-la; por favor, façam uma busca na internet para saber mais sobre ela. Vale a pena. Olga enviuvou aos sessenta e tantos anos e decidiu ir fazer *trekking* nas montanhas do Nepal. Ali levou um tombo, fraturou um tornozelo, e o xerpa que a acompanhava precisou carregá-la nas costas, acomodada num canastro, até a aldeia mais próxima, que era muito pobre e isolada. Ali, enquanto esperava algum transporte para a cidade, Olga presenciou um festival. Os aldeões preparavam comida com o pouco que tinham e vestiam-se com suas melhores roupas, havia música e dança. Logo chegaram ônibus da cidade com agentes que vinham para comprar meninas entre seis e oito anos. Os pais as vendiam porque não podiam sustentá-las.

Os agentes pagavam um preço equivalente a duas cabras ou a um leitão e levavam as meninas com a promessa de que elas viveriam com boas famílias, iriam à escola e comeriam bem. Na realidade, eram vendidas como *kamlaris*, uma forma de servidão semelhante à escravidão. Essas *kamlaris* trabalhariam sem descanso, dormiriam no chão, comeriam os restos dos pratos da família, não teriam acesso a educação, saúde ou liberdade, e seriam maltratadas. Isso se tivessem sorte. Senão, seriam vendidas a bordéis.

Olga percebeu que, mesmo usando todo o dinheiro que tinha consigo para comprar algumas meninas, não poderia devolvê-las às respectivas famílias, porque elas seriam vendidas de novo, mas estava decidida a ajudar as *kamlaris*. Isso se transformou na missão de sua vida. Sabia que por vários anos teria de cuidar das meninas que conseguisse resgatar, até que elas pudessem cuidar de si mesmas. Voltou para a Califórnia e criou uma organização de caridade, Nepal Youth Foundation (www.nepalyouthfoundation.org), para oferecer lar, educação e serviços de saúde a crianças exploradas. Olga salvou mais ou menos quinze mil meninas da servidão doméstica e conseguiu mudar a cultura no país. Graças a ela, o governo do Nepal declarou ilegal a prática de *kamlari*.

Olga tem outros programas espetaculares como esse, vários lares de acolhida para crianças órfãs ou abandonadas, escolas e clínicas nutricionais instaladas em vários hospitais, onde as mães são treinadas para alimentar a família com os recursos disponíveis, criando refeições bem balanceadas e preparadas. Vi as fotografias de antes e depois. Um menino faminto, pele e osso, que nem consegue andar, um mês depois está jogando beisebol.

A fundação de Olga construiu uma aldeia-modelo nos arredores de Katmandu com escola, oficinas e casas para crianças expostas a alto risco. O nome combina perfeitamente: Olgapuri, aldeia de Olga. Como eu gostaria que vocês pudessem ver aquilo! É o lugar mais alegre do planeta. Essa mulher maravilhosa é adorada por milhares de crianças no Nepal, e quando digo milhares não exagero. Quando ela chega a Katmandu, uma multidão de crianças e jovens está no aeroporto com balões e guirlandas para receber sua Mama.

Com idade assim avançada, Olga é tão sadia e cheia de energia que viaja várias vezes por ano entre o Nepal e a Califórnia (16 horas de voo e outras tantas entre conexões e esperas em aeroportos) e trabalha incansavelmente para financiar e supervisionar seus projetos. Seus olhos azuis brilham de paixão quando ela fala de suas crianças. Está sempre sorrindo, sempre contente, nunca a ouvi queixar-se ou culpar os outros, esbanja bondade e gratidão. Olga Murray é minha heroína. Quando eu crescer, quero ser igual a ela.

G ostaria de ter os seios fartos e as pernas longas de Sophia Loren, mas, se precisar escolher, prefiro os dons de várias boas bruxas que conheço: propósito, compaixão e bom humor.

Segundo o Dalai Lama, a única esperança de paz e prosperidade está nas mãos das mulheres do Ocidente. Suponho que lhes dá essa distinção porque são elas que têm mais direitos e recursos, mas eu não excluiria o restante das mulheres do mundo. A tarefa cabe a todas.

Pela primeira vez na história há milhões de mulheres com escolaridade, acesso à saúde e à informação, conectadas entre si e dispostas a mudar a civilização em que vivemos. Não estamos sozinhas, muitos homens nos acompanham, quase todos jovens: nossos filhos e netos. Os velhos não têm jeito, só podemos esperar que morram aos poucos. Desculpem, isso soou um pouco cruel, nem todos os velhos são irrecuperáveis, há alguns iluminados e outros com o coração bem disposto, capazes de evoluir. Ah! Mas as velhas são outra história.

Esta é a era das avós corajosas, e somos o setor da população que cresce mais rápido. Somos as mulheres que viveram muito, nada têm a perder e, portanto, não se assustam facilmente; podemos falar abertamente porque não desejamos competir, agradar nem ser populares; conhecemos o valor imenso da amizade e da colaboração. Estamos angustiadas com a situação da humanidade e do planeta. Agora é questão de entrarmos em acordo para dar uma tremenda sacudida no mundo.

A aposentadoria é outro assunto que cada vez mais diz respeito às mulheres, porque a maioria trabalha fora. As outras, as prendas domésticas, não se aposentam nem descansam jamais. Em espanhol, chamamos a dispensa remunerada do trabalho de *jubilación*, termo que deriva de júbilo, porque se parte do princípio de que é a época ideal em que a pessoa faz o que lhe dá na telha. Oxalá fosse assim. Muitas vezes ela chega quando o corpo e o orçamento não dão para fazer o que dá na telha. Além disso, está provado que raramente o ócio traz felicidade.

Nos homens a aposentadoria pode ser o começo do fim, porque eles se realizam e se valorizam no trabalho, investem nele tudo o que são e, quando ele acaba, sobra-lhes muito pouco; então afundam mental e emocionalmente. Começa a época do medo de falhar, de perder recursos econômicos, de ficar sozinho, enfim, a lista dos temores é longa. Se não tiverem uma companheira ou um companheiro que cuide deles e um cachorro que lhes balance o rabo, estão acabados. As mulheres lidam melhor com a aposentadoria porque, além de trabalharmos, cultivamos relações familiares e de amizade, somos mais sociáveis que os homens e temos interesses mais variados. No entanto, também em nós a fragilidade própria da idade cria medos. Estou generalizando, mas sei que me entendem.

Segundo Gerald G. Jampolsky, famoso psiquiatra e autor de mais de vinte best-sellers sobre psicologia e filosofia, a aptidão para ser feliz é influenciada em 45% por genes e em 15% pelas circunstâncias, o que significa que os 40% restantes cada um de nós determina de acordo com crenças e com a atitude perante a vida. Com 95 anos, ele continua atendendo pacientes e escrevendo, faz ginástica cinco dias na semana, e toda manhã, ao acordar, agradece pelo novo dia e compromete-se a vivê-lo com felicidade, seja qual for seu estado físico. A idade não tem que pressupor uma limitação para continuar sendo ativo e criativo e participar do mundo.

Como agora se vive mais tempo, temos algumas décadas pela frente para redefinir nossos propósitos e dar sentido à existência que nos resta, como fez Olga Murray. Jampolsky advoga o amor como o melhor remédio: dar amor em abundância. É preciso esquecer ofensas e livrar-se da negatividade; o rancor e a ira despendem mais energia que o perdão. E a chave da felicidade é perdoar o próximo e perdoar a si mesmo. Os últimos anos podem ser os melhores, desde que optemos pelo amor em vez do medo, diz ele. O amor não brota como planta silvestre, é cultivado com muito cuidado.

Pergunta do jornalista ao Dalai Lama: "Consegue se lembrar de suas vidas passadas?" Resposta: "Na minha idade é difícil lembrar o que aconteceu ontem."

O tio Ramón, meu padrasto, foi um homem ativo e brilhante até deixar seu posto de diretor da Academia Diplomática do Chile; então começou a declinar. Era muito sociável e tinha dezenas de amigos, mas estes foram ficando senis ou morrendo. Também morreram todos os seus irmãos e uma filha. Em seu último período — ele atingiu a venerável idade de 102 anos —, teve a companhia de Panchita, que já estava bastante cansada do mau humor do cônjuge e teria preferido ser viúva. Era assistido por uma equipe de mulheres que cuidavam dele como orquídea de estufa.

"Meu maior erro foi me aposentar. Eu tinha oitenta anos, mas isso é só um número, poderia ter continuado a trabalhar mais dez anos", confessou-me uma vez. Eu não quis lembrar-lhe que, com oitenta anos, ele precisava de ajuda para amarrar os sapatos, mas concordo que sua lenta decadência coincidiu com a aposentadoria.

Isso reforçou minha decisão de continuar ativa para sempre, de consumir, até o último, todos os neurônios e todas as centelhas da alma, para que não sobre nada quando eu morrer. Não vou parar, vou me renovar. E não penso em optar pela prudência. Segundo Julia Child, a célebre chef, seu segredo de longevidade era carne vermelha e gim. Meus excessos são de outra índole e, como Julia, não renunciarei a eles. Minha mãe dizia que a única coisa de que a gente se arrepende na velhice são os pecados que não cometeu e as coisas que não comprou.

A não ser que seja vencida pela demência (que não ocorreu em minha família longeva), não penso em me transformar numa idosa passiva sem mais companhia que um cachorro ou dois. Essa é uma visão aterradora, mas, como diz Jampolsky, não se deve viver com medo. Estou me preparando para o futuro. Com a idade, exacerbam-se os defeitos e as virtudes. Não é verdade que, com os anos, a sabedoria chega naturalmente; ao contrário, quase sempre os velhos ficam um pouco loucos. Quem aspira a ser sábio precisa começar a treinar desde jovem, como dizia minha mãe. Enquanto puder, tenciono me arrastar escadas acima até o sótão, onde escrevo, para passar meus dias entretida a contar histórias. Se conseguir, velhice não é comigo.

A sociedade determina o limiar da velhice, legalmente aos 66 anos, nos Estados Unidos, quando temos direito à aposentadoria. Nessa idade a maioria se aposenta, as mulheres deixam de tingir os cabelos (não façam isso por enquanto!), e os homens passam a usar Viagra para ir atrás de suas fantasias (que horror!). Na realidade, o processo de envelhecer começa ao nascer, e cada um o experimenta à sua maneira. A cultura tem muito a ver com isso. Uma mulher de cinquenta pode ser invisível em Las Vegas, mas muito atraente em Paris. Um homem de setenta pode ser um idoso em algum vilarejo remoto, mas na Baía de São Francisco, onde moro, circulam bandos de vovôs de bicicleta, o que seria louvável, se não usassem shorts de laicra de cores fluorescentes.

Somos atazanados pela necessidade de fazer regime e exercícios para envelhecer em forma. Assim há de ser, mas não se deve generalizar. Nunca fui atlética, de modo que não há razão para me matar fazendo exercício em idade avançada. Mantenho-me em forma passeando com as cachorras até a cafeteria mais próxima para tomar meu cappuccino. Meus pais viveram saudáveis um século e nunca os vi malhar em academias nem maneirar na comida. Tomavam uma taça ou duas de vinho nas refeições e um coquetel à noite. Ingeriam creme de leite, manteiga, carne vermelha, ovos, café, doces e toda espécie de carboidrato proibido, mas com moderação; não engordavam e não tinham ouvido falar de colesterol.

Meus pais receberam amor e cuidados até o último instante de sua vida estupenda, mas isso é muito raro. A última etapa da vida costuma ser trágica, porque a sociedade não está preparada para lidar com a longevidade. Por mais diligentes que sejam nossos planos, em geral os recursos não chegam até o fim. Os últimos anos de vida são os mais caros, dolorosos e solitários, são anos de dependência e, com terrível frequência, são anos de pobreza. Antigamente a família, ou melhor, as mulheres da família cuidavam dos velhos, mas nesta parte do mundo isso já quase não existe. As moradias são pequenas, o dinheiro é escasso, o trabalho e o ritmo de vida são muito exigentes e, para completar, os avozinhos vivem demais.

Nós, que entramos na casa dos setenta, temos horror a acabar nossos dias numa casa de repouso, de fraldas, medicados e presos a uma cadeira de rodas. Quero morrer antes de precisar de ajuda para tomar banho. Minhas amigas e eu sonhamos em criar uma comunidade, partindo da ideia de que um dia seremos viúvas, porque os homens vivem menos. (Prefiro não me incluir nesse caso, porque acabo de me casar e pensar na viuvez me deprime.) Por exemplo, poderíamos comprar um terreno em algum lugar, não muito distante de um hospital, e construir chalés individuais com serviços em comum, um espaço onde pudéssemos ter nossos bichos de estimação, um jardim, diversões. Conversamos com frequência sobre isso, mas sempre postergamos a ação, não só porque é uma proposta custosa, como também porque, no fundo, acreditamos que sempre seremos independentes. Pensamento mágico.

S e não conseguirmos evitar os sintomas da velhice e nos manter sadios até os 120 anos, como propõe o professor David Sinclair, teremos de tratar do espinhoso assunto da longevidade. É uma loucura continuar a evitá-lo. Como sociedade, precisamos encontrar a forma de nos encarregar dos idosos e ajudá-los a morrer, se assim desejarem. A morte assistida deveria ser uma opção viável em toda parte, não só em uns poucos países progressistas da Terra. A morte com dignidade é um direito humano, mas a lei e o *establishment* médico muitas vezes nos obrigam a viver para além da dignidade. Como supostamente disse Abraham Lincoln, não são os anos de vida que contam, mas a vida ao longo dos anos.

Combinei com um amigo, que aos 85 anos continua sendo o sedutor que sempre foi, que nos suicidaríamos juntos quando nos parecesse apropriado. Ele pilotaria seu teco-teco, um mosquito de latão, em direção ao horizonte, até que a gasolina acabasse, e aí nos precipitaríamos no Oceano Pacífico. Um fim limpo que pouparia as famílias dos incômodos de dois funerais. Por azar, há alguns anos a licença de piloto do meu amigo expirou, não quiseram renová-la, e ele teve de vender o mosquito. Agora está pensando em comprar uma motocicleta. É o que desejo para mim, morte rápida, porque não sou

Olga Murray e nunca terei minha própria aldeia de gente amorosa para cuidar de mim até o fim.

E, a propósito, uma vez que a natalidade está diminuindo e a população envelhecendo nos Estados Unidos e na Europa, os imigrantes deveriam ser recebidos de braços abertos. Sempre são jovens — velho não emigra — e com seu trabalho ajudam a manter os aposentados. Além disso, tradicionalmente são mulheres imigrantes que cuidam das crianças e dos idosos. Elas se transformam nas babás pacientes e carinhosas de quem mais amamos.

Os idosos não são prioridade, são estorvo. O governo não lhes destina recursos suficientes; o sistema de saúde é injusto e inadequado; a moradia consiste, na maioria dos casos, em trancafiá-los longe da visão do público. O país deveria manter decentemente quem contribuiu para a sociedade durante quarenta ou cinquenta anos, mas não é o que ocorre, a menos que se trate de algum país excepcionalmente civilizado, um daqueles onde todos gostariam de viver. O destino terrível da maioria dos idosos é terminar dependente, pobre e rejeitado.

Talvez não se realize meu plano de me manter ativa e morrer sem ter pendurado as chuteiras, e talvez chegue o momento em que precisarei abdicar aos poucos do que agora me parece importante. Espero que as últimas coisas sejam a sensualidade e a escrita.

Se eu viver demais, perderei a capacidade de atenção. Quando a memória fraquejar e eu não conseguir me concentrar, não poderei escrever, então todos a meu redor vão sofrer, porque o ideal deles é que eu fique ausente e, se possível, isolada num quarto distante. Se eu perder o juízo, não perceberei, mas será muito desagradável perder a independência estando lúcida, como ocorreu com minha mãe.

Ainda gozo de plena mobilidade, mas um dia será difícil dirigir. Sempre fui péssima motorista e agora sou pior. Bato em árvores que de repente aparecem onde antes não estavam. Evito dirigir à noite porque não consigo ler as placas das ruas e termino irremediavelmente perdida. Dirigir não é o único desafio. Recuso-me a modernizar o computador, a substituir o celular e meu velho carro ou a aprender o modo de usar os cinco controles remotos da tevê; não consigo desarrolhar garrafas, as cadeiras ficaram mais pesadas, as casas dos botões, menores, e os sapatos, mais apertados.

Às limitações mencionadas se soma a inevitável diminuição da libido, pelo menos se comparada àquela força poderosa que no passado costumava me sacudir. A sensualidade muda com a idade.

Minha amiga Grace Dammann, uma das seis Irmãs da Perpétua Desordem que constituem o círculo íntimo de minha prática espiritual, está há muitos anos numa cadeira de rodas por causa de uma terrível colisão frontal na ponte Golden Gate. Era muito atlética, estava treinando para subir o Everest quando ocorreu o acidente que pulverizou vários ossos seus e a deixou semiparalisada. Demorou anos para aceitar sua condição física, em sua mente ainda estava fazendo esqui aquático no Havaí e correndo em maratonas.

Grace vive numa residência para idosos, porque precisa de assistência; lá ela é a mais jovem. A ajuda que recebe é muito pouca, apenas cinco minutos na manhã para se vestir, outros cinco à noite para se deitar e duas duchas semanais. Para ela, o prazer mais sensual é essa ducha. Diz que cada gota de água na pele é uma bênção, que sente prazer com o sabonete e a espuma do xampu nos cabelos. Penso com frequência em Grace quando estou no chuveiro, para não me esquecer desse privilégio.

Enquanto meu corpo se deteriora, minha alma rejuvenesce. Suponho que meus defeitos e virtudes também estejam mais visíveis. Esbanjo e me distraio mais que antes, mas me irrito menos, porque meu temperamento se suavizou um pouco. Minha paixão pelas causas que sempre abracei ou pelas poucas pessoas que amo aumentou. Já não temo minha vulnerabilidade, porque não a confundo com fragilidade; posso viver com os braços, as portas e o coração abertos. Essa é outra das razões por que celebro meus anos de vida e celebro ser mulher: não tenho de provar minha masculinidade, como disse Gloria Steinem. Quer dizer, não preciso cultivar a imagem daquela fortaleza que me foi inculcada por meu avô e que tanto me serviu em minha vida anterior, mas já não é indispensável; agora posso me dar ao luxo de pedir ajuda e ser sentimental.

Desde que minha filha morreu, tenho plena consciência da proximidade da Morte, e agora, aos setenta e tantos anos, a Morte é minha amiga. Não é verdade que seja um esqueleto armado de foice e com cheiro de podridão; é uma mulher madura, elegante e amável, com perfume de gardênia. Antes andava rondando pela minha vizinhança, depois na casa ao lado e agora está esperando pacientemente em meu jardim. As vezes, quando passo por ela, nos cumprimentamos, e ela me lembra que preciso aproveitar cada dia como se fosse o último.

Em resumo, estou numa fase estupenda de meu prolongado destino. Eis uma boa notícia para as mulheres em geral: a existência se torna mais fácil depois que passamos da menopausa e acabamos de criar os filhos, desde que possamos reduzir ao mínimo as expectativas, renunciemos ao ressentimento e relaxemos, na certeza de que para ninguém, a não ser para os mais próximos, tem a menor importância o que fazemos e quem somos. Basta de ter pretensões, fingir, lamentar-se e flagelar-se por bobagens. É preciso amar muito a si mesma e aos outros, sem medir quanto nos amam em retribuição. Essa é a etapa da amabilidade.

As mulheres extraordinárias que conheci ao longo da vida alimentam a visão que tive aos quinze anos, de um mundo no qual os valores femininos tenham o mesmo peso que os masculinos, como eu pregava a meu avô, que me ouvia com os lábios apertados e as mãos crispadas. "Não sei em que mundo você vive, Isabel. Fala de umas coisas que não têm nada a ver conosco", respondia. Dizia-me o mesmo anos depois, quando o golpe militar pôs fim à democracia da noite para o dia, e o país foi submetido a uma longa ditadura.

Como jornalista, ficava sabendo do que acontecia nas sombras, dos campos de concentração e dos centros de tortura, dos milhares de desaparecidos, das pessoas assassinadas que eram pulverizadas com dinamite no deserto e das que eram lançadas ao mar, a partir de helicópteros.

Meu avô não queria saber, afirmava que era só boato, que nada daquilo lhe dizia respeito, e mandava não me meter em política, ficar calada em casa, pensar em meu marido e em meus filhos. "Lembra a história do papagaio que queria fazer o trem parar batendo as asas? O trem o despedaçou, não sobrou nem pena de amostra. É isso que você quer?", intimava.

Essa pergunta retórica me perseguiu várias décadas. O que quero? Que queremos nós, mulheres? Permitam-me lembrar-lhes a antiga história do califa.

Na mítica cidade de Bagdá levaram perante o califa um ladrão reincidente para ser julgado. O castigo habitual teria sido cortar-lhe as mãos, mas naquele dia o califa tinha amanhecido de bom humor e ofereceu uma saída ao bandido. "Diga-me o que as mulheres querem, e você ficará livre", disse-lhe. O homem pensou um bocadinho e, depois de invocar Alá e seu Profeta, deu uma resposta astuta: "Oh, sublime califa, as mulheres querem ser ouvidas. Pergunte-lhes o que querem, e elas dirão."

Achei que, para preparar estas reflexões, precisava investigar um pouco, mas em vez de sair por aí interrogando mulheres a torto e a direito, podia poupar trabalho consultando a internet. Lancei a adivinhação do califa: o que as mulheres querem? E brotaram manuais de autoajuda com títulos como: "Verifique o que as mulheres querem e deite-se com elas." Também apareceram conselhos de homens a outros homens sobre como conseguir mulheres. Eis aqui um exemplo: "As mulheres querem caras durões, mostre-se agressivo e seguro, não lhes dê poder, mande, exija, suas necessidades têm prioridade, é disso que elas gostam."

Duvido que seja verdade, pelo menos entre as mulheres que conheço, que são muitas, contando minhas leitoras fiéis e aquelas com quem me relaciono por intermédio de minha fundação. Creio ter uma resposta mais adequada à pergunta do califa. É mais ou menos o seguinte o que as mulheres querem: segurança, ser valorizadas, viver em paz, dispor de recursos próprios, estar conectadas e, sobretudo, amor. Nas páginas seguintes tentarei explicar o que isso significa.

O indicador mais determinante do grau de violência de uma nação é a que se exerce contra a mulher, que normaliza outras formas de violência. No México, onde são notórias a insegurança nas ruas e a impunidade dos cartéis e das quadrilhas do crime organizado, estima-se que em média são assassinadas dez mulheres por dia; é um cálculo conservador. Na maioria, são vítimas de namorados, maridos e homens que elas conhecem. Desde os anos 1990 em Ciudad Juárez, Chihuahua, centenas de mulheres jovens foram assassinadas, depois de violentadas e, muitas vezes, brutalmente torturadas, diante da indiferença das autoridades. Isso provocou um protesto em massa de mulheres em março de 2020. Elas declararam um dia de paralisação geral, cruzaram os braços, não foram trabalhar, não realizaram tarefas domésticas e saíram em passeata pelas ruas. Veremos se isso teve algum impacto sobre as autoridades.

A República Democrática do Congo, com sua história de instabilidade e conflito armado, tem o vergonhoso título de "capital mundial do estupro". O estupro e outras agressões sistemáticas à mulher são instrumentos de opressão empregados por grupos armados, mas, em cada três casos, um é perpetrado por civil. O mesmo ocorre em outros lugares da África, da América Latina, do Oriente Médio e da

Ásia. Quanto mais hipermasculinidade e polarização de gênero, mais violência sofrem as mulheres, como ocorre entre grupos terroristas.

Queremos segurança para nós e nossos filhos. Estamos programadas para defender nossa prole e o fazemos com garra e vontade. Assim é também entre a maioria dos animais, embora eu não esteja tão certa em relação aos répteis, como cobras e crocodilos. Com poucas exceções, é a fêmea que cuida das crias e às vezes precisa protegê-las com a própria vida para que não sejam devoradas por algum macho faminto.

Diante de uma ameaça, a reação masculina é fugir ou lutar: adrenalina e testosterona. Diante da ameaça, a reação feminina é formar um círculo e pôr as crias no centro: oxitocina e estrógeno. A oxitocina, hormônio que impulsiona à união, é tão surpreendente que alguns psiquiatras a usam em terapia de casais. Ambos a inalam por meio de um spray nasal com a esperança de chegarem a um acordo, em vez de se assassinarem. Willie e eu tentamos, mas não funcionou, talvez não tenhamos inalado o suficiente. No fim, nos divorciamos, mas o resíduo desse bendito hormônio nos possibilitou continuar sendo bons amigos até sua morte recente. Prova dessa amizade é que ele me deixou por herança Perla, sua cadelinha, produto desafortunado de várias raças, cara de morcego e corpo de rato gordo, mas com forte personalidade.

A violência contra as mulheres é universal e tão antiga quanto a própria civilização. Quando se fala de direitos humanos, na prática se fala de direitos dos homens. Se um homem é surrado e privado da liberdade, é tortura. Se uma mulher suporta a mesma coisa, chama-se violência doméstica, que na maior parte do mundo ainda é considerada assunto privado. Há países onde a morte de uma menina ou de uma mulher por questão de honra nem é denunciada. A Organização das Nações Unidas calculam que cinco mil mulheres e meninas são assassinadas por ano para salvar a honra de um homem ou de uma família no Oriente Médio e no Sul da Ásia.

Segundo as estatísticas, nos Estados Unidos uma mulher é violentada a cada seis minutos; esses são os casos reportados; na realidade o número é pelo menos cinco vezes maior. E a cada noventa segundos uma mulher é surrada. O assédio e a intimidação ocorrem no lar, na rua, no local de trabalho e em redes sociais, onde o anonimato fomenta as piores manifestações de misoginia. Estamos falando dos Estados Unidos, imaginem como é em outros países onde os direitos das mulheres estão na infância. Essa violência é inerente à cultura patriarcal, não é uma anomalia. É hora de chamá-la por seu verdadeiro nome e denunciá-la.

Ser mulher significa viver com medo. Toda mulher leva impresso no DNA o temor ao macho. Ela pensa duas vezes antes de fazer algo tão normal como passar pela frente de um grupo de homens ociosos. Em lugares supostamente seguros, como seria, por exemplo, o campus de uma universidade ou uma instituição militar, há programas para ensinar as mulheres a evitar situações de risco, partindo do pressuposto de que, se for atacada, a culpa é sua. Estava no lugar errado, na hora errada. Não se espera que os homens mudem de comportamento, mas se permite e até se louva a agressão sexual como direito do homem e característica da masculinidade. Felizmente, isso está mudando de forma rápida, pelo menos nos países do primeiro mundo, graças ao #MeToo e a outras iniciativas feministas.

Uma expressão extrema do que eu disse acima são as mulheres que vivem enterradas em burcas que as cobrem da cabeça aos pés, para não provocar desejo nos homens, que aparentemente sentem impulsos bestiais quando veem alguns centímetros de pele feminina ou de uma meia. Quer dizer, a mulher é castigada pela fraqueza ou pela perversão do homem. É tão grande o medo do homem que muitas mulheres defendem o uso da burca porque se sentem invisíveis, portanto mais seguras.

Dizia o escritor Eduardo Galeano que "ao fim e ao cabo, o medo da mulher à violência do homem é o espelho do medo do homem à mulher sem medo". Soa bem, mas o conceito me parece confuso. Como não ter medo, se o mundo conspira para nos assustar? Mulheres sem medo há muito poucas, exceto quando nos agrupamos, então nos sentimos invencíveis.

Qual é a raiz dessa mistura explosiva de desejo e ódio em relação às mulheres? Por que essa agressão e esse assédio não são considerados um problema de direito civil ou direito humano? Por que são silenciados? Por que não há uma guerra à violência contra a mulher, tal como declaram guerra às drogas, ao terrorismo ou ao crime? A resposta é óbvia: a violência e o medo são instrumentos de controle.

Entre 2005 e 2009, na ultraconservadora e remota colônia menonita de Manitoba, na Bolívia, um grupo de 150 mulheres e meninas, inclusive uma de três anos, eram violentadas regularmente depois de drogadas com um spray usado para anestesiar touros antes de castrá-los. Acordavam manchadas de sangue e machucadas, e a explicação que recebiam era que tinham sido castigadas pelo Diabo, eram possuídas por demônios. As mulheres eram analfabetas, falavam uma língua alemã arcaica que as impedia de comunicar-se com o mundo exterior, não sabiam onde estavam, não sabiam decifrar um mapa para fugir, não tinham a quem recorrer. Esse não é um caso único, o mesmo ocorreu e continua ocorrendo em outras comunidades fundamentalistas isoladas, sejam elas religiosas ou de outro tipo, como o Boko Haram, organização terrorista da Nigéria, onde as mulheres são tratadas como animais. Às vezes não há causa ideológica, mas simplesmente isolamento e ignorância, como em Tysfjord, no norte da Noruega, no Círculo Polar Ártico.

Os homens temem o poder feminino, por isso as leis, as religiões e os costumes impuseram durante séculos toda espécie de restrição ao desenvolvimento intelectual, artístico e econômico das mulheres. No passado, dezenas de milhares de mulheres acusadas de bruxaria foram torturadas e queimadas vivas por saberem demais, por terem o poder do conhecimento. As mulheres não tinham acesso a bibliotecas nem a universidades; na verdade, o ideal era — e ainda é em alguns lugares — que fossem analfabetas, para se manterem submissas e evitar que questionassem e se rebelassem. O mesmo era feito com os escravos; a pena por aprender a ler era o chicote e às vezes a morte. Na atualidade, a maioria das mulheres tem o mesmo acesso à educação que os homens, mas, quando se destacam muito ou aspiram à liderança, enfrentam agressões, como ocorreu com Hillary Clinton na eleição presidencial de 2016 nos Estados Unidos.

Os assassinos responsáveis por massacres nos Estados Unidos, que são quase sem exceção homens brancos, têm em comum a misoginia, comprovada por seu histórico de violência doméstica, ameaças e ataques a mulheres. Muitos desses psicopatas são marcados por uma relação traumática com a mãe; não podem suportar a rejeição, a indiferença ou a zombaria das mulheres, ou seja, não suportam o poder que elas têm. "Os homens temem que as mulheres riam deles. As mulheres temem que os homens as matem", disse a escritora Margaret Atwood.

O movimento de libertação feminina pôs à prova a autoestima de duas ou três gerações de homens, porque eles se viram desafiados e muitas vezes superados pela competição feminina nos campos que lhes pertenciam com exclusividade. Não é por acaso que há alto índice de estupros nas Forças Armadas, onde antes as mulheres só tinham acesso a postos administrativos, longe da ação. A reação masculina ao poder feminino é frequentemente violenta.

Evidentemente, não digo que todos os homens são abusadores ou estupradores em potencial, mas a porcentagem é tão alta que devemos considerar a violência contra a mulher como o que de fato é: a maior crise enfrentada pela humanidade. Os agressores não são exceções, não são psicopatas; são pais, irmãos, namorados, maridos, homens normais.

Basta de eufemismos. Basta de soluções parciais. É preciso que haja mudanças profundas na sociedade, e cabe a nós, mulheres, impô-las. Lembrem-se de que ninguém dá nada de presente, temos de conseguir. Temos de criar consciência em nível global e organizar-nos. Agora mais do que nunca isso é possível, porque contamos com informação, comunicação e capacidade de mobilização.

Os maus-tratos sofridos pela mulher explicam-se pela desvalorização de que ela é vítima. Feminismo é a noção radical de que as mulheres são pessoas, como disse Virginia Woolf. Durante séculos discutiu-se se, por acaso, a mulher tem alma. Em muitos lugares as mulheres ainda são vendidas, compradas e trocadas como mercadoria. A maioria dos homens as considera inferiores e, embora nunca admitam, por isso mesmo ficam chocados e ofendidos quando uma mulher tem o mesmo conhecimento ou o mesmo sucesso que eles.

Contei essa história antes, numa memória, mas vou resumi-la aqui, porque é relevante. Há muitos anos, em 1995, fiz uma viagem à Índia com minha amiga Tabra e com Willie, meu então marido, que planejaram a viagem para tirar-me de meu ambiente e ajudar-me a me livrar da paralisia provocada pela morte de minha filha. Eu havia escrito um livro de memórias — *Paula* — que me permitiu entender e finalmente aceitar o que sucedera, mas, depois de sua publicação, afundei num tremendo vazio. Minha vida não tinha sentido.

Da Índia guardo a visão de seus contrastes e de sua incrível beleza, bem como a recordação de algo que influenciou o restante de minha existência.

Tínhamos alugado um carro com motorista e íamos por um caminho rural de Rajastão, quando o motor aqueceu demais e tivemos de parar. Enquanto esperávamos que esfriasse, Tabra e eu caminhamos em direção a um grupo de seis ou sete mulheres rodeadas de crianças, que estavam à sombra da única árvore daquele terreno desértico. O que faziam ali? De onde vinham? Não tínhamos passado por nenhuma aldeia ou poço que explicasse a presença delas. As mulheres, jovens e de aparência muito pobre, aproximaram-se de nós com a curiosidade inocente que ainda existe em alguns lugares, atraídas pelos cabelos cor de beterraba de Tabra. Demos-lhes as pulseiras de prata que havíamos comprado num mercado e brincamos um pouco com as crianças, até que o motorista buzinou para nos chamar.

Quando nos despedimos, uma das mulheres veio até mim e me entregou um pequeno embrulho de trapos. Não pesava nada. Achei que ela quisesse me dar algo em troca das pulseiras, mas, ao abrir os trapos para ver o conteúdo, percebi que se tratava de um bebê recém-nascido. Eu o abençoei e tentei devolvê-lo à mãe, mas ela retrocedeu e não quis pegá-lo. Foi tal a surpresa que não consegui me mover, mas o motorista, homem alto, barbudo, de turbante, chegou correndo, tirou a criança de minhas mãos e a entregou bruscamente a outra das mulheres. Apanhou-me por um braço, levou-me quase arrastando ao veículo e partimos depressa. Consegui reagir vários minutos depois. "O que aconteceu? Por que aquela mulher quis me dar seu bebê?", perguntei, confusa. "Era uma menina. Ninguém quer menina!", respondeu o motorista.

Não pude salvar aquela menininha, que me aparece em sonhos há anos. Sonho que ela teve uma vida miserável, sonho que morreu muito jovem, sonho que é minha filha ou minha neta. Pensando nela, decidi criar uma fundação destinada a ajudar mulheres e meninas como ela, meninas que ninguém quer, que são vendidas para um casamento prematuro, submetidas a trabalho forçado e à prostituição, meninas maltratadas e violentadas que dão à luz na puberdade, meninas que serão mães de outras meninas como elas, num ciclo eterno de humilhação e dor; meninas que morrem cedo demais e outras que nem têm direito de nascer.

Agora, que se pode determinar o sexo do feto, milhões de meninas são abortadas. Na China, onde a política do filho único, para controlar o crescimento populacional, implementada até 2016, causou escassez de mulheres, muitos homens as importam de outros países para se casar, às vezes à força. Calcula-se que 23 mil moças foram vítimas de tráfico humano em menos de cinco anos, partindo de Myanmar, antiga Birmânia, para a província de Honã, que tem a mais alta disparidade entre os gêneros; nascem 140 meninos para cada 100 meninas. Drogadas, maltratadas, violentadas, essas jovens se transformam em esposas cativas e mães contra a vontade. Seria possível deduzir que, em vista dessa demanda, as meninas passassem a ser tão valorizadas quanto os meninos, mas ainda não é o que ocorre. Em muitos lugares, é uma desgraça ter uma filha, enquanto os filhos são uma bênção. As parteiras recebem menos se a criatura for menina.

Segundo a Organização Mundial da Saúde, 200 milhões de mulheres foram vítimas de mutilação genital, e três milhões de meninas correm o risco de ser submetidas a isso agora mesmo em alguns lugares da África, da Ásia e entre imigrantes na Europa e nos Estados Unidos. Quem tiver estômago pode ver na internet em que consiste essa prática em que são cortados o clitóris e os lábios da vulva das meninas com lâmina de barbear, faca ou pedaços de vidro, sem anestesia nem medidas mínimas de higiene. A mutilação das meninas é realizada por mulheres que, sem questionar, repetem um costume cuja finalidade é impedir o prazer sexual e o orgasmo. Os governos não intervêm, escudados no argumento de que é um costume religioso ou cultural. Uma moça que não tenha sido mutilada vale menos no mercado matrimonial.

Abuso, exploração, tortura e crime contra mulheres e meninas ocorrem em grande escala no mundo inteiro, quase sempre impunemente. Os números são tão altos que nos aturdem, e perdemos de vista a magnitude do horror. Só conhecendo alguma menina ou mulher que tenha passado por alguma dessas espantosas experiências, sabendo seu nome, vendo seu rosto e ouvindo sua história, poderemos nos solidarizar.

Supomos que nada tão terrível poderia ocorrer a uma de nossas filhas, mas são infinitas as situações em que elas também serão menosprezadas ou assediadas ao sair para o mundo e cuidar de si mesmas. As meninas geralmente são mais dispostas e aplicadas que os meninos na escola e na educação superior, mas têm menos oportunidades; no campo do trabalho, os homens ganham mais e obtêm os postos mais altos; na arte e na ciência, nós, mulheres, precisamos fazer esforço em dobro para obter reconhecimento pela metade, isso para dizer o mínimo.

Em décadas passadas as mulheres eram impedidas de desenvolver seu talento ou sua criatividade, porque isso era considerado antinatural, pois se supunha que elas estavam biologicamente predestinadas apenas à maternidade. E, caso alguma obtivesse algum sucesso, precisava amparar-se por trás do marido ou do pai, que ganhava os créditos, como ocorreu com compositoras, pintoras, escritoras e cientistas. Isso mudou, mas não em todo lugar nem tanto como gostaríamos.

No Vale do Silício, paraíso da tecnologia, que modificou para sempre a própria essência das comunicações e as relações humanas, onde a média de idade é inferior a 30 anos — ou seja, estamos falando da geração jovem e supostamente mais progressista e visionária do mundo —, as mulheres são discriminadas com o mesmo machismo que já era inaceitável há meio século. Nesse ambiente, como em tantos outros, a proporção de mulheres empregadas é mínima, elas são desconsideradas nas contratações e nas promoções, menosprezadas, interrompidas ou ignoradas quando opinam e, frequentemente, assediadas.

Minha mãe pintava bem a óleo, com requintado senso de cores, mas, como ninguém a levava a sério, ela também não se levava a sério. Tinha crescido com a ideia de que, por ser mulher, era limitada; os verdadeiros artistas e criadores eram homens. Eu a entendo, porque, apesar de meu feminismo, também duvidava de minha capacidade e de meu talento; comecei a escrever ficção quando tinha cerca de quarenta anos, com a sensação de estar invadindo um terreno proibido.

Os escritores famosos, especialmente os do boom da literatura latino-americana, eram homens. Panchita temia "soltar a mão", como me explicou uma vez; preferia copiar, porque nisso não havia risco, ninguém ia zombar dela nem a acusar de pretensiosa. Fazia-o com perfeição. Poderia ter-se dedicado com mais empenho, ter estudado, mas ninguém a incentivou; seus "quadrinhos" eram considerados mais um de seus caprichos.

Sempre elogiei muito os quadros de minha mãe, trazia dezenas deles à Califórnia, e hoje eles cobrem as paredes de meu escritório e de minha casa, até da garagem. Panchita pintava para mim. Sei que lamentava não ter ousado dar prioridade à pintura, como finalmente eu pude dar à escrita.

Vamos falar da paz. A guerra é a manifestação máxima do machismo. A maioria das vítimas em qualquer guerra não são combatentes, mas mulheres e crianças. A violência é a principal causa de morte das mulheres entre os 14 e os 44 anos, mais que a soma de câncer, malária e acidentes. Mulheres e meninas constituem 70% das vítimas de tráfico humano. Pode-se dizer que há uma guerra não declarada contra as mulheres. Não é de estranhar que desejemos paz acima de tudo, para nós e para nossos filhos.

A primeira vez que vi *Os monólogos da vagina*, de Eve Ensler, que já é parte da cultura universal, foi com minha mãe. Ambas ficamos comovidas até a medula. Como disse Panchita ao sair do teatro, nunca tinha pensado em sua vagina e muito menos a havia olhado num espelho.

Eve Ensler escreveu *Monólogos* em 1996, quando a palavra "vagina" era uma grosseria que as mulheres mal se atreviam a pronunciar diante do ginecologista. A obra foi traduzida para muitos idiomas, representada na Broadway, em escolas e faculdades, ruas, praças e, secretamente, em porões de países onde as mulheres carecem de direitos fundamentais. Eve angariou milhões de dólares, que foram empregados em programas de proteção e educação das mulheres, fomentando nelas o poder de liderança.

Eve, que sofreu agressão sexual do próprio pai, fundou a V-Day, iniciativa para pôr fim à violência contra mulheres e meninas em nível global. No Congo, a V-Day criou a "City of Joy" (Cidade da Alegria), refúgio para as vítimas da guerra, mulheres e meninas que tenham sofrido rapto, estupro, maus-tratos, incesto, exploração, tortura ou mutilação genital, que estejam em perigo de ser assassinadas por ciúmes ou vingança, por quem queira desfazer-se delas ou simplesmente por efeito colateral de conflitos armados. Ali começam a curar-se, voltam a soltar a voz, cantar, dançar, contar suas histórias, confiar em si mesmas e em outras mulheres, recuperar a alma. Todas voltam ao mundo transformadas.

Eve tem passado décadas presenciando atrocidades inimagináveis, mas não perde o ânimo: está segura de que podemos acabar com esse tipo de violência numa geração.

O estupro transformou-se em arma de guerra. As mulheres são as primeiras vítimas de exércitos que invadem e ocupam um território, de grupos paramilitares, guerrilhas e movimentos militantes de qualquer tipo, inclusive religiosos, e, é óbvio, de grupos terroristas e gangues, como as temíveis maras da América Central. Nos últimos anos, só no Congo, mais de meio milhão de mulheres, desde criancinhas de poucos meses até bisavós de oitenta anos, foram violentadas, mutiladas, desfiguradas, apresentando-se com fístulas que muitas vezes são inoperáveis, devido à gravidade dos ferimentos.

O estupro destrói o corpo e a vida dessas mulheres e meninas, bem como o próprio tecido da comunidade. É tão profundo o dano que agora também estão violentando homens. Dessa forma, as milícias e os exércitos vergam a vontade e a alma da população civil. As vítimas sofrem horríveis traumas físicos e psicológicos e ficam marcadas para sempre; às vezes são expulsas da família e de aldeias ou executadas por apedrejamento. Esse é outro caso em que a culpa recai sobre a vítima.

Kavita Ramdas, ex-presidente do Global Fund for Women — a maior organização sem fins lucrativos dedicada a promover os direitos das mulheres — e atual diretora do Programa de Direitos da Mulher na Fundação Open Society, propõe desmilitarizar o mundo, objetivo que só pode ser alcançado pelas mulheres, porque elas não são seduzidas pelo atrativo machista das armas e são as que sofrem os efeitos diretos de uma cultura que exalta a violência.

Não há nada tão temível quanto a violência impune, tal como sempre ocorre em tempos de guerra. Um de nossos sonhos mais ambiciosos é acabar com as guerras, mas há interesses demais, criados em torno da indústria de armamentos; vamos precisar de um número imenso de pessoas dispostas a transformar esse sonho em realidade para inclinar a balança para a paz.

Imaginem. Um mundo sem exércitos, um mundo em que os recursos bélicos fossem destinados ao bem-estar comum, em que os conflitos fossem resolvidos em torno de uma mesa de negociação, e a missão dos soldados fosse manter a ordem e promover a paz. Quando isso acontecer, teremos superado nossa condição de *Homo sapiens* e daremos um salto evolutivo rumo ao *contentus Homo superior*.

Não há feminismo sem independência econômica. Isso eu vi nitidamente na infância, com a situação de minha mãe. Nós, mulheres, precisamos dispor de recursos próprios e administrá-los, e para isso há necessidade de instrução, capacitação e um ambiente laboral e familiar adequado. Nem sempre é o que ocorre. Um guia samburu no Quênia contou-me que seu pai estava procurando para ele uma esposa que fosse uma boa mãe para seus filhos, que cuidasse do gado e realizasse as tarefas domésticas que lhe cabiam. No futuro, sem dúvida ela mesma lhe pediria que procurasse outras esposas para a ajudarem no trabalho. Explicou que, se ela tivesse outras opções, seria rompido o equilíbrio da família e da comunidade. Entendo as razões daquele guia para preservar a tradição, muito conveniente para ele, mas gostaria de ter conversado com essa noiva hipotética e com as esposas de sua aldeia, que talvez não estivessem tão contentes com a própria sorte e, se tivessem a escolaridade que lhes é negada, aspirariam a uma vida diferente.

Em 2015, estimava-se que dois terços dos adultos analfabetos do mundo são mulheres; a maioria das crianças sem escolaridade é do gênero feminino. As mulheres recebem menos que os homens pelo mesmo trabalho; os empregos que elas tradicionalmente têm, como professoras, cuidadoras etc., são mal remunerados, e as tarefas do lar não são valorizadas nem pagas. Isso é ainda mais irritante nestes tempos em que elas trabalham fora de casa (porque o salário de pouquíssimos homens é suficiente para manter uma família) e voltam cansadas para cuidar dos filhos, da comida e das tarefas domésticas. Precisamos mudar os costumes e as leis.

Vivemos num mundo muito desequilibrado. Em alguns lugares, a mulher goza (pelo menos em teoria) de autodeterminação, e em outros está submetida ao homem, a suas exigências, seus desejos e caprichos. Em algumas regiões não pode sair de casa sem a companhia de algum parente masculino próximo, não tem voz ativa, carece de poder de decisão sobre seu destino ou de seus filhos, de escolaridade, de assistência adequada de saúde e de renda; não participa de nenhuma forma na vida pública; nem sequer decide quando ou com quem se casará.

Em meados de 2019 vimos na imprensa a boa notícia de que finalmente as mulheres da Arábia Saudita, que têm menos direitos que um garoto de dez anos, podem dirigir automóvel e viajar sem a companhia de um homem da família. Isso foi conseguido depois que várias mulheres da realeza escaparam na calada da noite e pediram asilo no estrangeiro porque não suportavam a repressão em seu país. No entanto, agora que dirigir e viajar é legal, as mulheres têm de enfrentar a ira dos homens de suas respectivas famílias, que não estão de acordo com a mudança. Em pleno século XXI!

Se digo que era feminista aos cinco anos (e com muita honra), não é porque me lembre, visto que isso ocorria em nível emocional, antes do uso da razão, mas porque foi o que minha mãe me contou. Já então Panchita vivia atemorizada pela filha estranha que lhe coubera por destino. Quando eu era menina, na casa de meu avô, os homens da família tinham dinheiro, automóvel, liberdade para ir e vir à hora que lhes desse na veneta e autoridade para tomar todas as decisões, até as mais ínfimas, como o menu do jantar. Minha mãe não tinha nada disso e vivia da caridade do pai e do irmão mais velho; além disso, gozava de pouca liberdade, porque precisava zelar pela boa reputação. Quanto daquilo eu percebia? O suficiente para sofrer.

A dependência me causava na infância o mesmo horror que ainda me causa, por isso me propus trabalhar para me sustentar logo que terminei o secundário e, se possível, manter minha mãe. Meu avô dizia que quem paga manda. Esse é o primeiro axioma que incorporei a meu nascente feminismo.

Vou falar brevemente de minha fundação, porque vem ao caso, depois de tudo o que foi dito. (Podem ver o trabalho que realizamos em isabelallendefoundation.org.)

Em 1994 foi publicado meu livro de memórias *Paula*. A resposta dos leitores foi extraordinária; o correio trazia diariamente dezenas de cartas em vários idiomas de pessoas que tinham sido tocadas pela história de minha filha. Identificavam-se com meu luto porque todo mundo tem perdas e dores. Acumulou-se uma montanha de missivas em caixotes; algumas cartas eram tão bonitas que diversos anos depois vários editores publicaram uma seleção delas.

Os proventos produzidos pelo livro, que pertenciam a minha filha, e não a mim, eu depositei numa conta separada, enquanto pensava no que Paula teria feito com eles. Tomei a decisão depois daquela memorável viagem à Índia, e então nasceu minha fundação, cuja missão é investir no poder de mulheres e meninas de alto risco, porque essa foi também a missão de Paula durante sua curta vida. Foi uma decisão acertada; graças a essa fundação, que se mantém com uma parcela substancial do produto de meus livros, minha filha continua ajudando o mundo. Podem imaginar o que isso significa para mim.

Não preciso inventar as protagonistas de meus livros, mulheres fortes e decididas, porque estou rodeada por elas. Algumas escaparam da morte e sofreram traumas tremendos, perderam tudo, inclusive os filhos, mas, mesmo assim, seguem em frente. Não só sobrevivem, como também crescem, e algumas se transformam em líderes de suas comunidades; têm orgulho das cicatrizes do corpo e das feridas da alma, porque são testemunho de sua própria resiliência. Essas mulheres recusam-se a ser tratadas como vítimas, têm dignidade e coragem, levantam-se, avançam e o fazem sem perder a capacidade de viver com amor, compaixão e alegria. Com um pouco de empatia e solidariedade, recuperam-se e florescem.

Às vezes desanimo. Pergunto-me se a contribuição da fundação é apenas uma gota de água num deserto de necessidade. Há tanto que fazer e são tão limitados os recursos! Essa é uma dúvida perniciosa, porque convida a lavar as mãos para o sofrimento alheio. Nesses momentos Lori, minha nora, que dirige a fundação, me diz que o impacto de nosso esforço não se mede numa escala universal, que é preciso medi-lo caso a caso. Não podemos dar de ombros diante dos problemas que parecem insuperáveis, precisamos agir. Lori me recorda as pessoas abnegadas e valentes que trabalham em condições muito difíceis, sem outro fim senão aliviar a necessidade e a dor alheias. Com seu exemplo, obrigam-nos a exorcizar o demônio da indiferença.

Na fundação canalizamos a ação para a saúde — que inclui direitos reprodutivos —, a educação, a independência econômica e a proteção contra a violência e a exploração. Desde 2016 também nos concentramos em refugiados, especialmente na fronteira entre Estados Unidos e México, onde há uma crise humanitária, com milhares e milhares de pessoas que escaparam da violência na América Central e pedem asilo. Quem mais sofre e corre os piores riscos são as mulheres e as crianças. As medidas restritivas do governo estadunidense praticamente anularam o direito de asilo.

O argumento contra os migrantes é que chegam para se aproveitar dos serviços sociais, tirar trabalho dos nacionais e mudar a cultura, eufemismo para indicar que eles não são brancos, mas está comprovado que, quando lhes é permitido integrar-se, eles contribuem para o país muito mais do que recebem.

Há diferença entre imigrantes e refugiados. Os primeiros tomam a decisão de ir para outro lugar a fim de melhorar suas condições de vida. Normalmente são jovens e saudáveis — os velhos ficam para trás — e tentam adaptar-se o mais depressa possível, têm o olhar voltado para o futuro e desejam criar raízes. Os refugiados buscam salvar a vida; fogem de conflitos armados, perseguições, criminalidade e extrema pobreza. É gente desesperada que se viu obrigada a deixar tudo o que lhe é familiar e buscar asilo em outro lugar, onde provavelmente será recebida com hostilidade. Metade dos setenta milhões de refugiados que havia em 2018 era constituída por mulheres e crianças; o número aumenta a cada ano.

O refugiado alimenta-se de recordações e saudades, com os olhos no passado, sonhando em regressar ao lar, mas a média de tempo que passará longe é de 17 a 25 anos. Muitos nunca poderão voltar; serão sempre estrangeiros. Essa crise global, que logo será agravada por novas ondas de refugiados que deixam suas terras por causa da mudança climática, não pode ser enfrentada levantando muros, mas ajudando a resolver as causas pelas quais as pessoas fogem de seus lugares de origem.

tens de entender
que ninguém põe os filhos num bote
a não ser que a água seja mais segura que a terra
ninguém queima as mãos
sob os trens
debaixo de vagões
ninguém passa dias e noites no ventre de um caminhão
alimentando-se de papel, a não ser que as milhas percorridas
signifiquem mais que uma viagem.
ninguém se arrasta debaixo de cercas
ninguém quer ser surrada
e causar dó

ninguém escolhe campos de refugiados
nem passar por revistas que
machucam seu corpo
nem a prisão,
porque a prisão é mais segura
que uma cidade em chamas
e um carcereiro à noite
é melhor que um caminhão cheio
de homens parecidos com seu pai...

Lar, de Warsan Shire

Uma das formas mais eficazes de provocar impacto positivo no mundo é investir nas mulheres. Nas regiões mais carentes, as mães destinam todos os seus proventos à família, e os homens, apenas um terço dos seus. Em poucas palavras, elas se ocupam de alimentação, saúde e escolaridade dos filhos, enquanto eles gastam para si mesmos, seja divertindo-se, seja adquirindo algo que lhes dê certo prestígio, como um celular ou uma bicicleta.

Aprendi que, com um pouco de ajuda, pode-se fazer muito. Se a mulher tiver poder de decisão e recursos próprios, a situação de sua família melhora; se as famílias prosperam, a comunidade progride e, por extensão, o país. Assim se rompe o ciclo da miséria. As sociedades mais atrasadas são aquelas em que as mulheres estão submetidas. No entanto, essa verdade evidente é frequentemente ignorada pelos governos e pelas organizações sem fins lucrativos. Por sorte isso está mudando à medida que mais mulheres têm poder de decisão política ou recursos para a filantropia, que em geral são destinados a projetos femininos.

As mulheres precisam estar interconectadas. Segundo Adrienne Rich, poeta americana feminista, "as conexões entre mulheres são as mais temidas, as mais problemáticas e a força potencialmente mais transformadora do planeta". Essa interessante observação explicaria o desconforto que muitos homens sentem quando as mulheres se reúnem. Acham que estamos confabulando, e às vezes têm razão.

As mulheres precisam estar conectadas entre si. Desde o começo dos tempos, elas se reuniram em torno do poço, da cozinha, do berço, em plantações, fábricas e lares. Querem falar da vida que levam e ouvir as histórias das outras. Não há nada mais engraçado que a prosa entre mulheres, que quase sempre é íntima e pessoal. Até a fofoca é divertida, não há por que negar. Nosso pesadelo é a exclusão e o isolamento, porque sozinhas somos vulneráveis, ao passo que juntas florescemos. No entanto, milhões de mulheres vivem confinadas, sem liberdade nem meios para mover-se para fora do raio limitado do lar.

Há alguns anos fui com Lori visitar uma pequena comunidade de mulheres no Quênia. Tínhamos recebido instruções bastante vagas, mas Lori, que é muito mais aventureira que eu, mandou-me pôr um chapéu e saímos andando por uma trilha que serpenteava entre a vegetação. Logo a trilha desapareceu, e seguimos sem norte um bom pedaço, eu com a sensação de estarmos perdidas para sempre, mas o lema de Lori é que todos os caminhos levam a Roma. Quando eu estava a ponto de começar a chorar no matagal, ouvimos vozes. Era um canto ondulante de vozes femininas, como ondas à beira do mar. Essa foi a bússola que nos guiou a Kibison.

Chegamos a uma clareira, amplo pátio com algumas vivendas básicas e algo parecido com um galpão para cozinhar, comer, dar aulas, costurar e fazer artesanato. Íamos visitar Esther Odhiambo, executiva que se aposentou depois de anos de trabalho em Nairóbi e decidiu voltar à sua aldeia nas proximidades do lago Vitória. Ali deparou com uma verdadeira tragédia. Os homens iam e vinham, numa existência nômade, em busca de trabalho; não havia estabilidade econômica, a prostituição proliferava, e a AIDS tinha dizimado a população e acabado com a geração intermediária de pais e mães; só restavam avós e crianças. As mulheres morriam tanto quanto os homens.

Quando Esther chegou, havia pouquíssima informação sobre a doença e a forma de contágio, que se atribuía a causas mágicas; também não havia tratamento disponível. Ela se propôs enfrentar a superstição, educar as pessoas e ajudar especialmente as mulheres com os escassos recursos a seu alcance. Pôs sua propriedade à disposição dessa causa.

Ao chegarmos ali, Lori e eu vimos crianças brincando e outras fazendo tarefas escolares com giz em pequenas lousas ou traçando números e letras na terra com um palito, enquanto algumas mulheres cozinhavam, outras lavavam ou trabalhavam no artesanato, que vendiam no mercado para ajudar a manter a comunidade.

Apresentamo-nos em inglês, e Esther Odhiambo serviu de intérprete. Ao verem que éramos forasteiras e ao saberem que vínhamos de longe, as mulheres nos rodearam, nos oferecerem um chá vermelho e amargo e sentaram-se em círculo para nos contar sua vida, que consistia principalmente em trabalho, perdas, dor e amor.

Eram viúvas, esposas abandonadas, adolescentes grávidas, avós que cuidavam de netos ou bisnetos órfãos. Esse era o caso de uma mulher que parecia muito idosa (embora ela mesma não soubesse sua idade), que estava amamentando uma criança de poucos meses. Diante de nosso evidente espanto, Esther explicou que às vezes acontece de uma avó voltar a ter leite quando há necessidade de alimentar o neto. "Essa senhora deve ter uns oitenta anos", acrescentou. Talvez exagerasse... Contei esse caso muitas vezes, e ninguém por estas bandas acredita em mim, mas pude ver algo semelhante num pequeno povoado do Lago de Atitlán, na Guatemala.

As histórias das mulheres de Kibison eram trágicas. Algumas tinham perdido quase todos os membros da família, em decorrência da AIDS, mas não pareciam tristes. Naquele círculo, qualquer coisa era pretexto para rir, fazer piadas, gozar umas das outras e todas de Lori e de mim. Esther Odhiambo resumiu esse fato numa frase: "Quando se juntam, as mulheres ficam alegres." Ao entardecer, despediram-se de nós cantando. Aquelas senhoras passavam o tempo cantando. É possível que aquela comunidade de Kibison já não exista, porque essa aventura com Lori ocorreu há vários anos, mas a lição foi inesquecível.

Não me parece difícil imaginar grupos de mulheres como as de Kibison, de todas as raças, credos e idades, sentadas em círculo, contando suas histórias, lutas e esperanças, chorando, rindo e trabalhando juntas. Que poderosa força criariam esses círculos! Milhões deles conectados poderiam acabar com o patriarcado. Não seria mau. É preciso dar uma oportunidade a esse imenso recurso natural e renovável que é a energia feminina.

Nos anos 1960, quando a pílula e outros contraceptivos foram postos ao alcance do público, a libertação feminina se expandiu. Por fim as mulheres podiam ter vida sexual plena sem o terror de uma gravidez indesejada. Imaginem a oposição da religião e do machismo no Chile! Na época achei que o fim do patriarcado era inevitável, mas ainda estamos longe disso. Conseguimos muito, mas há muito mais ainda por fazer. Com qualquer pretexto, nossos direitos — quando os temos — são esmagados: guerra, fundamentalismo, ditadura, crise econômica ou qualquer catástrofe. Nos Estados Unidos, neste terceiro milênio, discute-se não só o direito ao aborto, como também aos contraceptivos femininos. É óbvio que ninguém discute o direito do homem à vasectomia ou ao uso de preservativos.

Minha fundação ajuda a financiar clínicas e programas dedicados ao controle da fertilidade, inclusive o aborto. Isso me toca muito de perto, porque aos dezoito anos tive de ajudar uma garota de quinze, estudante do secundário, que tinha engravidado. Vamos chamá-la de Celina, porque não posso dar seu verdadeiro nome. Recorreu a mim porque não ousou confessar a gravidez aos pais; no desespero, chegou a pensar em suicidar-se, tão grave era o que lhe ocorria. No Chile o aborto era punido com severidade pela lei, mas extensamente praticado (e ainda o é) de forma clandestina. As condições eram e continuam sendo muito perigosas.

Não me lembro como consegui o nome de alguém que podia solucionar o problema de Celina. Tomamos dois ônibus para chegar a um bairro modesto e andamos mais de meia hora procurando o endereço, que eu levava anotado num papel. Por fim, demos com um apartamento no terceiro andar de um prédio de tijolos aparentes, igual a uma dezena de outros na mesma rua, com roupa pendurada nas sacadas e latas de lixo transbordando.

Fomos recebidas por uma mulher de aspecto cansado, que nos esperava, porque eu avisara por telefone, dando o nome de meu contato. Aos gritos, mandou as duas crianças que estavam brincando na sala ir fechar-se no quarto. Era evidente que os pequenos estavam acostumados àquela rotina, porque foram sem reclamar. Um rádio troava com notícias e comerciais num canto da cozinha.

A mulher perguntou a Celina a data da última menstruação, fez cálculos e pareceu satisfeita. Disse que era rápida e segura, e que por um pouco mais que o preço estipulado, usaria anestesia. Pôs uma toalha de oleado e um travesseiro sobre a única mesa do lugar, provavelmente a de jantar, e mandou Celina tirar as calcinhas e subir. Examinou-a brevemente e passou a lhe instalar uma sonda na veia do braço. "Fui enfermeira, tenho experiência", disse em tom de explicação. E acrescentou que minha função era injetar a anestesia em minha amiga aos poucos, apenas o suficiente para deixá-la tonta. "Cuidado para não passar do ponto", avisou.

Em poucos segundos Celina estava semiconsciente, e em menos de quinze minutos havia vários trapos ensanguentados no balde aos pés da mesa. Não quis imaginar o que teria sido aquela intervenção sem anestesia, como se pratica quase sempre nessas circunstâncias. Minhas mãos tremiam tanto que não sei como manejei a seringa. Ao terminar, pedi permissão para ir ao banheiro e vomitei.

Minutos depois, quando Celina acordou, a mulher nos despachou sem lhe dar tempo de se recompor e lhe entregou uns comprimidos enrolados num pedaço de papel. "Antibióticos, tome um a cada doze horas por três dias. Se tiver febre ou começar a sangrar muito, precisará ir a um hospital, mas isso não vai acontecer; tenho boa mão", disse. Avisou que, se déssemos seu nome ou seu endereço, as consequências seriam muito graves para nós.

Nunca consegui esquecer essa experiência ocorrida sessenta anos atrás. Descrevi-a em vários livros meus e a revivo em meus pesadelos. Por Celina e por milhões de mulheres que passam por algo semelhante, sou inflexível na defesa dos direitos reprodutivos. O aborto, se legal e realizado em condições apropriadas, não é uma experiência muito traumática, como demonstram vários estudos. Mais trauma sofrem as mulheres que não podem obtê-lo e são obrigadas a levar a termo uma gravidez indesejada.

Respeito as pessoas que rejeitam o aborto por razões religiosas ou de outra natureza, mas não é aceitável que se imponha esse critério a quem não comunga o mesmo ponto de vista. É uma opção que deve estar ao alcance de quem precise.

Os anticoncepcionais deveriam ser gratuitos e estar disponíveis para todas as jovens quando começam a menstruar. Se fosse assim, haveria menos gravidezes inesperadas, mas a realidade é que eles são caros, frequentemente exigem prescrição médica, não são cobertos pelo seguro de saúde e podem provocar efeitos colaterais muito desagradáveis. Além disso, nem sempre garantem resultados.

O peso do planejamento familiar incumbe à mulher — muitos homens se recusam a usar preservativo e ejaculam sem medir as consequências —, e sobre elas acabará recaindo a culpa, se ficarem grávidas, "por terem se descuidado". Há uma expressão entre nós: "deixou-se emprenhar", quer dizer, permitiu e tem de pagar por isso. Quem se opõe ao aborto não responsabiliza o homem, sem cuja participação a fecundação não é possível. Também não se pergunta seriamente por que uma mulher opta por interromper a gravidez, que razões práticas ou emocionais ela tem, o que significaria um filho naquele momento de sua vida.

Tive sorte, porque nunca passei por nada como o que Celina viveu e pude planejar minha família — somente dois filhos —, primeiro com a pílula e depois com um dispositivo intrauterino. No entanto, aos 38 anos, não tolerava nenhum dos métodos habituais e acabei fazendo laqueadura de trompas. Foi uma decisão que me pareceu inevitável, mas de cujos efeitos padeci depois, por muito tempo: em parte porque a operação se complicou com uma infecção grave e em parte porque me senti mutilada. Por que tive de passar por isso? Por que meu marido não recorreu a uma vasectomia, que é um procedimento muito mais simples? Porque meu feminismo não foi suficiente para exigi-la.

Minhas duas netas decidiram que não vão ter filhos, porque eles dão muito trabalho, e o planeta está superpovoado. Por um lado, entristece-me um pouco que elas percam essa experiência, que para mim foi maravilhosa, e por outro fico feliz por essas jovens terem essa opção. Temo, porém, que nossa família se extinga, a menos que meu único neto se anime e consiga uma parceira complacente.

Durante séculos as mulheres conseguiram controlar a fertilidade com conhecimento de ciclos menstruais, ervas e métodos abortivos, mas esses conhecimentos foram extirpados pela raiz. Como consequência da desvalorização da mulher, os homens se arrogaram o domínio do corpo feminino.

Quem decide sobre o corpo da mulher e o número de filhos que ela pode ou quer ter? Homens na política, na religião e na lei, que não experimentam na própria carne a gravidez, o parto e a maternidade. Se as leis, a religião e os costumes não impõem a mesma responsabilidade pela gravidez ao pai e à mãe, os homens não deveriam opinar sobre o assunto que não lhes diz respeito. É uma decisão pessoal de cada mulher. Ter controle sobre a própria fertilidade é um direito humano fundamental.

Na Alemanha nazista, o aborto era punido com prisão e gravidez obrigatória para a mulher, e com morte para quem o praticasse. Era preciso dar filhos ao Reich. As mães de oito filhos recebiam uma medalha de ouro. Em vários países latino-americanos, as leis a esse respeito são tão draconianas que a mulher que tiver um aborto espontâneo poderá ser acusada de tê-lo provocado e acabar na prisão por vários anos. No Chile, em 2015, Belén, uma menina de onze anos violentada pelo padrasto, ficou grávida e não lhe foi permitido abortar, apesar da pressão de organizações civis e do escândalo internacional.

É preciso descriminalizar o aborto, ou seja, ele deve deixar de ser punido. Isso é diferente de legalizá-lo, porque as leis são impostas pelo patriarcado e, sendo ele legalizado, o poder ficará nas mãos de juízes, policiais, políticos e outras estruturas masculinas. Abrindo um parêntese, posso acrescentar que, pela mesma razão, as trabalhadoras sexuais não desejam a legalização da prostituição, mas, sim, a sua descriminalização.

Como exemplo disso, vale destacar que Steve King, congressista dos Estados Unidos, propôs abolir o direito ao aborto mesmo em casos de estupro ou incesto, alegando: "O que ocorreria se revisássemos todas as árvores genealógicas e excluíssemos todos os que tivessem sido produto de estupro ou incesto? Sobraria alguma coisa da população do mundo se fizéssemos isso? Levando-se em conta todas as guerras e todos os estupros e saques que ocorreram em diferentes nações, não posso garantir que eu mesmo não seja produto disso." Em poucas palavras, uma defesa do estupro e do incesto como algo natural e normal. Oitenta e quatro congressistas do Partido Republicano assinaram a proposta.

Outro congressista americano, Todd Akin, disse que a gravidez por estupro ocorre raras vezes porque o corpo feminino tem maneiras de fechar-se para preveni-la. Segundo Akin, o útero, magicamente, sabe a diferença entre "legítima violação" (?) e outra forma de sexo. Esse gênio era integrante do Comitê de Ciência, Espaço e Tecnologia.

Nos Estados Unidos há 32 mil casos denunciados de gravidez por estupro ao ano.

As mulheres querem ter controle de sua própria vida, tanto quanto de sua fertilidade, mas isso não é possível quando sofrem violência doméstica e sua sorte está nas mãos de um abusador. Faz muito tempo, no final dos anos 1960 e início da década seguinte, quando eu trabalhava como jornalista no Chile, precisei fazer várias reportagens em comunidades paupérrimas, com famílias que moravam em favelas, homens sem trabalho, alcoólatras, mulheres cheias de filhos, vítimas de miséria, maus-tratos e exploração. Cena comum era o homem chegar bêbado ou simplesmente frustrado e dar uma surra na mulher ou nos filhos. A polícia não intervinha, em parte por indiferença, pois muitas vezes aqueles fardados faziam o mesmo em casa, e em parte porque supostamente não podiam entrar na moradia sem ordem judicial. Diante dessa realidade, as vizinhas faziam um acordo e, quando ouviam os gritos de alguma mulher ou das crianças, corriam com frigideiras e conchas para dar ao agressor o que ele merecia. O sistema era eficaz e rápido.

Admito envergonhada que o Chile era então e continua sendo um dos países com mais alto índice de violência doméstica no mundo, se bem que isso talvez se deva ao fato de lá os casos serem mais denunciados que em outros lugares e de serem feitas estatísticas. Essa violência ocorre em todos os âmbitos sociais, embora seja escondida nas classes mais altas. Às vezes não há maus-tratos físicos, mas a tortura psicológica e o abuso emocional podem ser igualmente danosos.

Uma em cada três mulheres sofre algum tipo de agressão ou abuso sexual na vida, independentemente do aspecto ou da idade. Lembrei-me da canção composta por quatro jovens chilenas, em 2019, que deu a volta ao mundo transformada em hino feminista, traduzida para muitas línguas e executada em ruas e praças por milhares e milhares de mulheres de olhos vendados. O Corpo de Carabineiros (polícia) do Chile, que se caracteriza por seus métodos agressivos, moveu um processo contra o coletivo feminista LAS TESIS por "ameaças à instituição, desacato à autoridade e incitação ao ódio e à violência". Isso provocou uma reação de apoio às autoras. A canção resume em poucos versos o que toda mulher vivencia ou teme.

El patriarcado es un juez
que nos juzga por nacer
y nuestro castigo
es la violencia que no ves.
Es femicidio.
Impunidad para mi asesino.
Es la desaparición.
Es la violación.
Y la culpa no era mía,
ni dónde estaba ni como vestía.
El violador eras tú.

O patriarcado é um juiz
que nos julga por nascermos
e nosso castigo
é a violência que não vês
É feminicídio.
Impunidade para meu assassino.
É o desaparecimento.
É o estupro
E a culpa não era minha
nem de onde estava nem como me vestia
O estuprador eras tu.

Un Violador en Tu Camino,
[Um estuprador no teu caminho], coletivo LAS TESIS

A violência contra a mulher existe há milênios, tanto que automaticamente evitamos nos pôr em situação de risco. Isso nos limita muito. Coisas que a maioria dos homens faz sem pensar, como andar pela rua à noite, entrar num bar ou pedir carona na estrada, em nós acendem um alarme mental. Vale a pena arriscar-se?

A violência doméstica é tão corrente no Chile que a primeira presidenta que tivemos, Michelle Bachelet (2006–2010 e 2014–2018), elegeu como prioridade fundamental de seu governo combatê-la com educação, treinamento, informação, refúgios e leis de proteção. Também deu acesso gratuito e fácil aos contraceptivos. Não conseguiu aprovar no Congresso uma lei para descriminalizar o aborto.

A vida dessa heroína é coisa de romance. Estudou medicina, porque essa era uma maneira concreta de ajudar a gente sofrida, como disse numa entrevista, e especializou-se em pediatria. Durante os primeiros dias do golpe militar de 1973, seu pai, o general Alberto Bachelet, foi detido pelos colegas de farda, porque se negou a participar da sublevação contra o governo democrático, e morreu de parada cardíaca numa sessão de tortura, em maio de 1974.

Michelle e a mãe foram presas pela polícia política e torturadas na notória Villa Grimaldi, que hoje é um museu das atrocidades daqueles anos. Foi resgatada, saiu exilada para a Austrália e dali para a Alemanha Oriental. Alguns anos depois pôde regressar ao Chile, onde completou os estudos de medicina. Exerceu diferentes cargos até o retorno da democracia em 1990, quando começou sua carreira política.

Como Ministra da Saúde, Michelle autorizou a distribuição da "pílula do dia seguinte", a mulheres e meninas maiores de catorze anos, para evitar a gravidez imediatamente depois do ato sexual. No Chile, onde a Igreja Católica e os partidos de direita têm muito poder e onde o aborto é ilegal, essa medida gerou tremenda oposição, mas também propiciou respeito e popularidade à ministra.

Em 2017, o congresso chileno aprovou o aborto por três causas: perigo imediato de morte da mãe, patologia do embrião incompatível com a vida fora do útero e estupro. Pode ser realizado dentro das primeiras doze semanas de gestação, ou catorze semanas, caso a menina tenha catorze anos ou menos. As restrições impostas mesmo nesses casos são tantas que a lei é quase um engodo destinado a acalmar a maioria das mulheres, que a exigem. Nas manifestações de massa que isso gerou, muitas mulheres desfilavam com o seio descoberto para enfatizar que eram donas de seu corpo.

Em 2002 Michelle foi nomeada Ministra da Defesa, primeira mulher a obter esse posto na América Latina e uma das poucas no mundo. Coube-lhe a hercúlea tarefa de tentar a reconciliação entre os militares e as vítimas da ditadura e obter a promessa de que nunca mais as Forças Armadas se sublevariam contra a democracia.

É difícil imaginar como essa mulher conseguiu superar o trauma do passado e entender-se com a instituição que não só instaurou um regime de terror durante dezessete anos em seu país, como também assassinou seu pai, torturou-a e à sua mãe e mandou-a para o exílio. Um de seus torturadores morava no mesmo prédio em que ela morava, e eles se encontravam no elevador com frequência. Quando perguntavam a Michelle Bachelet sobre a necessidade de reconciliação nacional, ela respondia que essa é uma decisão pessoal; ninguém pode exigir perdão de quem sofreu a repressão. O país precisa avançar para o futuro com a pesada carga do passado.

Yo pisaré las calles nuevamente Eu pisarei as ruas novamente
de lo que fue Santiago ensangrentada, do que foi Santiago ensanguentada,
y en una hermosa plaza liberada e numa linda praça libertada
me detendré a llorar por los ausentes. pararei a chorar pelos ausentes.

Yo Pisaré las Calles Nuevamente [Eu pisarei as ruas novamente],
de PABLO MILANÉS

O califa de Bagdá teria gostado de saber que nós, mulheres, queremos amor acima de tudo. Temos uma coisa estranha no cérebro, uma espécie de tumor, que nos impele para o amor. Não podemos viver sem amor. Por amor aguentamos os filhos e os homens. Nossa abnegação chega a ser uma forma de servidão. Perceberam que o individualismo e o egoísmo são considerados traços positivos nos homens e defeitos nas mulheres? Tendemos a nos pôr em segundo plano em favor de filhos, companheiros, pais e quase todos os demais. A submissão e o sacrifício por amor nos parecem o cúmulo da nobreza. Quanto mais sofremos por amor, mais nobres somos, como se vê nitidamente nas telenovelas. A cultura exalta o amor como o que há de mais sublime, e nós caímos voluntariamente nessa armadilha deliciosa por culpa do tumor que temos no cérebro. Não me excluo, meu tumor é dos mais malignos.

Evitarei falar do amor materno, porque ele é intocável, e qualquer brincadeira que eu me atreva a fazer a esse respeito vai me custar muito caro. Uma vez disse a meu filho Nicolás que, em vez de pôr filhos no mundo, devia arranjar um cachorro, e ele nunca me perdoou. Casou-se com 22 anos e teve três filhos em cinco anos. Tem um instinto materno superdesenvolvido. Meus netos não deixam nada a desejar, mas também gosto dos cães.

Não me atrevo a criticar o amor obsessivo das mães, porque sem dúvida essa é a única razão pela qual as espécies sobreviveram, desde os morcegos até os tecnocratas. Também não vou me referir ao amor à natureza, a Deus, a deusas ou outros conceitos semelhantes, porque isto não é nem remotamente um ensaio elevado, é apenas um bate-papo informal.

Em contrapartida, vamos falar do amor romântico, essa ilusão coletiva que se transformou em outro produto de consumo. A indústria do amor romântico compete com o narcotráfico na arte de viciar. Suponho que esse amor tenha um rosto diferente para cada mulher: nem todas têm obsessão por algum ator de cinema, como eu, haverá quem se apaixone por um batráquio, como a princesa do conto de fadas. Em meu caso, o aspecto físico da vítima não importa, desde que cheire bem, tenha dentes próprios e não fume, mas tenho exigências de outro tipo, que raramente aparecem juntas na vida real: ternura, senso de humor, bom coração, paciência para me suportar e outras qualidades que não lembro neste momento. Por sorte, meu atual apaixonado as possui em abundância.

Está na hora de falar de Roger, como prometi. As lições inesquecíveis da escola do rigor de meu avô foram muito úteis: forjaram meu caráter e me ajudaram a seguir em frente em momentos de grande adversidade; contudo, influíram negativamente em minhas relações matrimoniais, porque não me entrego; sou autossuficiente e defendo minha independência, não tenho dificuldade para doar, mas muita para receber. Não aceito favores, a não ser que possa retribuí-los, detesto receber presentes e não permito que festejem meu aniversário. Um de meus maiores desafios era aceitar minha vulnerabilidade, mas agora é mais fácil graças a um novo amor, que espero que seja o último.

Num dia de maio de 2016, um advogado viúvo de Nova York, chamado Roger, ouviu-me no rádio enquanto dirigia de Manhattan para Boston. Tinha lido alguns livros meus, e algo que eu disse nesse programa deve ter chamado sua atenção, porque ele escreveu para meu escritório. Respondi, e ele continuou escrevendo pela manhã e à noite todos os dias, durante cinco meses. Normalmente respondo apenas à primeira mensagem de leitores ou leitoras, porque uma vida inteira não me bastaria para manter correspondência regular com as centenas de pessoas que me escrevem, mas a tenacidade do viúvo de Nova York me impressionou, e assim nos mantivemos em contato.

Minha então assistente, Chandra, viciada em séries policiais e com um faro de cão rastreador, resolveu investigar o máximo possível o misterioso viúvo, que bem poderia ser um psicopata, nunca se sabe. É incrível a quantidade de informação que está ao alcance de qualquer um que queira escarafunchar nossa vida pessoal. Basta dizer que Chandra me deu um relatório completo, que incluía até a placa do carro e o nome dos cinco netos do homem. A esposa tinha morrido uns anos antes, ele morava sozinho num casarão em Scarsdale, tomava o trem diariamente para ir a Manhattan, seu escritório ficava na Park Avenue etc. "Parece legítimo, mas não se deve confiar em ninguém, poderia ser um comparsa do arquiteto de Brenda", advertiu Chandra.

Em outubro viajei a Nova York para uma conferência, e por fim Roger e eu nos conhecemos. Pude comprovar que ele era exatamente como tinha se apresentado em seus correios eletrônicos e como Chandra tinha averiguado: uma pessoa transparente. Simpatizei com ele, mas não foi uma paixão fulminante e irresistível, como ocorreu com Willie aos 45 anos. Isso confirma o que eu disse antes: os hormônios são determinantes. Convidou-me para jantar, e em meia hora perguntei-lhe à queima-roupa quais eram suas intenções, porque em minha idade eu não tinha tempo para perder. Ele se engasgou com os raviólis, mas não caiu fora, como eu teria feito, se ele tivesse me encurralado daquela maneira.

Conseguimos ficar juntos três dias antes de eu ter de voltar à Califórnia, e esse período bastou para Roger decidir que, já que tinha me encontrado, não ia me deixar escapar. Propôs casamento enquanto me levava ao aeroporto. Respondi o que se espera de uma respeitável dama madura: "Casar, não, mas se você estiver disposto a viajar com frequência à Califórnia, podemos ser amantes, o que acha?" Pobre homem... O que podia responder? Que sim, obviamente.

Foi o que fizemos durante vários meses, até que o esforço do encontro em fins de semana, depois de seis horas de avião, se tornou pesado demais. Então Roger vendeu o casarão abarrotado de móveis, objetos e recordações, deu de presente tudo o que ele continha e mudou-se para a Califórnia com duas bicicletas e alguma roupa, que eu substituí rapidamente porque estava fora de moda. "Fiquei sem nada. Se não der certo, vou precisar dormir debaixo da ponte", avisou, preocupado.

Durante um ano e sete meses nos submetemos à prova de morar em minha casa de boneca com duas cachorras. Ambos fizemos concessões, eu à bagunça dele, e ele ao meu gênio mandão, à minha excessiva pontualidade e à minha obsessão por escrever, que não deixa muito tempo para outras coisas. Aprendemos a delicada dança dos pares bem ajustados, que conseguem mover-se pela pista sem pisadas mútuas. Terminado esse período, com a certeza de que conseguíamos nos suportar reciprocamente, casamo-nos, porque ele é um tipo mais para o tradicional, e a ideia de viver em pecado o deixava preocupado. As bodas foram íntimas, em companhia de nossos filhos e netos apenas. Todos estão encantados com nossa união, porque significa que não precisarão cuidar de nós por ora; cuidaremos um do outro enquanto pudermos.

Minha mãe também estaria contente. Poucos dias antes de morrer, pediu-me que me casasse com Roger para não ficar velha e sozinha, como disse. Expliquei que não me sentia velha nem sozinha. "Se tenho um amante perfeito à minha espera na Califórnia, para que quero um marido imperfeito?", argumentei. "Amante não dura, mas marido é presa cativa", foi a resposta.

Fico um pouco sem jeito de admitir, mas dependo desse apaixonado para muitas tarefas que antes eu realizava sem dificuldade, como pôr gasolina no carro e trocar lâmpadas. Roger nasceu no Bronx, filho de poloneses, com mãos pesadas de camponês e bom gênio; ajuda-me nos inconvenientes deste mundo sem deixar que me sinta uma boboca. Estou contente por ter dado ouvidos à minha mãe e ter me casado com ele. É uma estupenda presa cativa, espero que não mude.

Meu filho perguntou a Roger o que sentiu quando me conheceu, e ele respondeu, corando: "Me senti como um adolescente. E agora me sinto como uma criança que acorda toda manhã sabendo que vai ao circo." Tudo é relativo. Para mim, esta é a época mais tranquila de minha vida, sem melodrama. Para Roger, em compensação, parece que o entusiasmo diário comigo nunca diminui, e não há nem um momento em que se entedie um pouco. Talvez sinta falta do tédio.

E o que senti eu quando conheci Roger? Curiosidade e certo estremecimento na boca do estômago que antes me impelia a cometer imprudências e agora me adverte de que devo ir devagar e com cuidado, mas não faço caso. Minha teoria e prática são que se deve dizer SIM à vida e depois ver, a caminho, que jeito dar.

Em poucas palavras: se eu consegui namorado, há esperança para qualquer idosa que deseje um companheiro.

Volver a los diecisiete
después de vivir un siglo
es como descifrar signos
sin ser sabio competente,
volver a ser de repente
tan frágil como un segundo,
volver a sentir profundo
como un niño frente a Dios,
eso es lo que siento yo
en este instante fecundo.

Voltar aos dezessete
depois de viver um século
é como decifrar signos
sem ser sábio competente,
voltar a ser de repente
tão frágil como um segundo,
voltar a sentir profundo
como criança em face de Deus,
isso é o que sinto eu
neste momento fecundo.

Volver a Los Diecisiete [Voltar aos dezessete],
de Violeta Parra

Os jovens costumam me perguntar como é amar em minha idade. Parecem atônitos porque ainda consigo falar sem tropeços e, além de tudo, me apaixonar. Bom, é o mesmo que se apaixonar aos dezessete, como garante Violeta Parra, mas com uma sensação de urgência. Roger e eu temos poucos anos pela frente. Os anos passam sigilosamente, nas pontas dos pés, brincando, e de repente nos assustam no espelho, apunhalam-nos pelas costas. Cada minuto é precioso e não podemos perdê-lo em mal-entendidos, impaciência, ciúmes, mesquinharias e tantas outras bobagens que enlameiam as relações. Na realidade, essa fórmula pode ser aplicada em qualquer idade, porque os dias estão sempre contados. Se tivesse feito isso antes, não teria dois divórcios na minha conta.

Segundo Rebecca Solnit, em seu livro *Men Explain Things to Me* [Os homens explicam tudo para mim]: "Feminismo é o empenho em mudar algo muito antigo, generalizado e de raízes profundas em muitas culturas do mundo, talvez na maioria, em inúmeras instituições, em quase todos os lares da Terra e em nossa própria mente, onde tudo começa e termina. É assombroso que tanta coisa tenha mudado em apenas quatro ou cinco décadas. Ou que o fato de nem tudo ter mudado de forma permanente, definitiva e irrevogável não signifique fracasso."

Desmantelar o sistema em que se fundamenta a civilização é muito difícil e leva tempo, mas pouco a pouco estamos conseguindo. É demorada a complexa e fascinante tarefa de inventar uma nova ordem para substituí-lo. Avançamos dois passos para a frente e damos um para trás, tropeçando, caindo, levantando-nos de novo, cometendo erros e celebrando vitórias efêmeras. Há momentos de terrível desencanto e outros de grande ímpeto, como ocorreu com o movimento #MeToo e as marchas de multidões de mulheres em muitas cidades do mundo. Nada poderá nos deter se compartilharmos uma visão do futuro e estivermos decididas a torná-la realidade, todas juntas.

O patriarcado não existiu sempre, não é inerente à condição humana, é imposto pela cultura. Temos um registro de nossa existência no planeta desde a invenção da escrita, há cerca de 5 mil anos na Mesopotâmia, ou seja, nada comparado a mais ou menos 200 mil anos da presença do *Homo sapiens*. A história é escrita pelos homens e, de acordo com sua conveniência, eles exaltam e omitem fatos; a metade feminina da humanidade é ignorada na história oficial.

Antes do movimento de libertação feminina, quem desafiava os postulados do machismo? Questionavam-se o racismo, a colonização, a exploração, a propriedade, a distribuição dos recursos e outras manifestações do patriarcado, mas as mulheres não estavam incluídas nessas análises. Supunha-se que a divisão de gênero era imperativo biológico ou divino e que o poder naturalmente correspondia aos homens. Mas não foi sempre assim; antes da dominação masculina houve outras formas de organização. Tentemos recordá-las ou imaginá-las.

É possível que eu assista a mudanças profundas antes de morrer, porque os jovens estão angustiados como nós, são nossos aliados. Têm pressa. Estão fartos do modelo econômico, da destruição sistemática da natureza, dos governos corruptos e da discriminação e da desigualdade que nos separam e criam violência. O mundo que herdarão e precisarão dirigir parece-lhes desastroso. A visão de um mundo melhor é comungada por ativistas, artistas, cientistas, ecologistas e alguns grupos espirituais independentes de qualquer forma de religião organizada (estas, quase sem exceção, instituições retrógradas e machistas) e por muitos outros. Temos muito trabalho pela frente, amigas e amigos. É preciso limpar e arrumar a casa.

Antes de mais nada, precisamos acabar com o patriarcado, civilização milenar que exalta os valores (e defeitos) masculinos e subjuga a metade feminina da humanidade. Precisamos questionar tudo, desde a religião e as leis até a ciência e os costumes. Vamos nos zangar para valer, vamos nos zangar tanto que nossa fúria pulverize os fundamentos que sustentam esta civilização. A docilidade, exaltada como virtude feminina, é nosso pior inimigo, nunca nos serviu de nada, só convém aos homens.

O respeito, a submissão e o temor que nos incutem desde o berço nos fazem tanto mal que nem temos consciência de nosso poder. Esse poder é tão grande que o primeiro objetivo do patriarcado é anulá-lo por todos os meios a seu alcance, inclusive as piores formas de violência. Tais métodos dão tão bons resultados que com frequência demasiada as grandes defensoras do patriarcado são as mulheres.

A ativista Mona Eltahawy, que começa todas as conferências com sua declaração de princípio "Foda-se o patriarcado!", diz que devemos desafiar, desobedecer e transgredir as regras. Não há outra forma. Existem razões de sobra para ter medo do enfrentamento, como demonstram as cifras pavorosas de mulheres vendidas, agredidas, violentadas, torturadas e assassinadas impunemente no mundo inteiro, sem mencionar as outras formas menos letais de nos calar e assustar. Desafiar, desobedecer e transgredir as regras compete às moças novas, que ainda não adquiriram a responsabilidade de ser mães, e às avós, que superaram a etapa reprodutora.

Já está na hora de nós, mulheres, participarmos da administração deste mundo patético nos mesmos termos que os homens. Frequentemente, as mulheres que chegam ao poder comportam-se como homens duros, porque é a única maneira de poderem competir e mandar, mas, quando atingirmos um número significativo de posições de poder e liderança, poderemos inclinar a balança para uma civilização mais justa e igualitária.

Faz mais de quarenta anos, Bella Abzug, a notável ativista e deputada por Nova York, resumiu isso numa frase: "No século XXI, as mulheres mudarão a natureza do poder, em vez de o poder mudar a natureza das mulheres."

Uma vez minha filha Paula, que devia ter uns vinte anos, sugeriu-me não falar tanto de feminismo, porque estava fora de moda e não era sexy. Já se sentia o retrocesso dos anos 1980 contrário ao movimento de libertação feminina, que tantos sucessos obtivera. Tivemos uma discussão monumental, em que tentei explicar-lhe que o feminismo, como toda revolução, é um fenômeno orgânico, sujeito a constantes mudanças e revisões.

Paula pertencia a uma geração de jovens privilegiadas que receberam os benefícios da luta de suas mães e avós e se sentaram nos louros, imaginando que tudo já estava feito. Expliquei-lhe que a grande maioria das mulheres ainda não havia recebido aqueles benefícios e aceitava sua sorte resignadamente. Muitas acreditavam, tal como me garantira minha mãe, que o mundo é assim e não pode ser mudado. "Se não gosta da palavra feminismo, seja lá por qual razão, procure outra; o nome é o de menos, o importante é fazer o trabalho em favor de você mesma e de suas irmãs no restante do mundo, que precisam dele", disse-lhe. Paula me respondeu com um suspiro e com os olhos voltados para o teto.

Os homens foram muito hábeis em pintar as feministas como bruxas histéricas e cabeludas; com razão, as jovens em idade reprodutiva, como era Paula então, assustavam-se com essa palavra, que podia espantar possíveis pretendentes. Devo dizer que minha filha, assim que saiu da universidade e ingressou no mercado de trabalho, abraçou com entusiasmo as ideias que sorvera no leite materno. Tinha um namorado de família siciliana, jovem encantador, que estava esperando que ela aprendesse a fazer macarronada para se casarem e terem seis filhos. Achou que seria bom se Paula estudasse psicologia, porque isso poderia ser útil na criação dos filhos, mas rompeu o namoro quando ela decidiu especializar-se em sexualidade humana. Não podia tolerar que a noiva saísse por aí medindo pênis e orgasmos de outros homens. Não o culpo, pobre moço.

Minha filha morreu há muitos anos e ainda penso nela toda noite antes de dormir e toda manhã, ao despertar. Sinto tanta saudade dela! Teria sido grande a sua alegria ao verificar que agora há uma nova onda de feministas jovens, desafiadoras, com humor e criatividade.

Esta é uma época muito feliz para mim. Felicidade não é coisa exuberante nem buliçosa, como a alegria ou o prazer; é silenciosa, tranquila, suave, é um estado interno de bem-estar que começa por gostar de mim mesma. Sou livre. Não preciso provar nada a ninguém nem me preocupar com filhos ou netos, todos são adultos e autossuficientes. Cumpri meu dever, como diria meu avô, e fiz muito mais que o esperado.

Há gente com planos para o futuro, que pensa até numa carreira, mas, tal como disse antes, não foi meu caso. O único propósito que tive desde pequena foi me sustentar sozinha, e consegui, mas o restante de meu caminho eu fiz às apalpadelas. Segundo John Lennon, vida é o que acontece quando a gente está ocupado fazendo outros planos. Significa que a vida se faz caminhando sem mapa, e não há jeito de voltar atrás. Não tive controle sobre os grandes acontecimentos que determinaram meu destino ou minha personalidade, como o desaparecimento de meu pai, o golpe militar no Chile e o exílio, a morte de minha filha, o sucesso de *A casa dos espíritos*, três enteados dependentes químicos ou meus dois divórcios. Seria possível alegar que tive controle sobre os divórcios, mas o sucesso da relação matrimonial depende dos dois participantes.

Minha velhice é uma dádiva preciosa. O cérebro ainda funciona. Gosto de meu cérebro. Sinto-me mais leve. Libertei-me da insegurança, de desejos irracionais, complexos inúteis e outros pecados capitais que não valem a pena. Vou deixando ir, vou soltando... Devia ter feito isso antes.

As pessoas vêm e se vão, e até os mais próximos integrantes da família se dispersam. De nada adianta apegar-se a alguém ou a alguma coisa, porque tudo no universo tende à separação, à desordem e à entropia, não à coesão. Optei por uma vida simples, com menos coisas materiais e mais tempo ocioso, menos preocupações e mais diversão, menos compromissos sociais e mais amizade verdadeira, menos burburinho e mais silêncio.

Não sei se teria conseguido tudo o que disse acima se meus livros não tivessem alcançado sucesso, o que me salva da instabilidade econômica que aflige a imensa maioria dos velhos. Gozo de liberdade porque conto com os recursos necessários para viver como desejo. Isso é um privilégio.

Toda manhã, ao despertar, depois de saudar Paula, Panchita e outros espíritos presentes, quando o quarto ainda está escuro e em silêncio, chamo de volta minha alma, que ainda anda solta na esfera dos sonhos, e agradeço o que tenho, especialmente o amor, a saúde e a escrita. Também agradeço a vida plena e apaixonada que tive e continuarei tendo. Não estou pronta para passar a tocha e espero não estar nunca. Quero acender as tochas de nossas filhas e netas com a minha. Elas terão de viver por nós, como nós vivemos por nossas mães, e continuar o labor que não conseguimos terminar.

Estou escrevendo estas páginas em março do 2020, trancada com Roger em casa por causa da crise do coronavírus. (Em vez destas reflexões eu deveria estar escrevendo um romance inspirado em García Márquez: *Amor nos tempos do coronavírus*.) Em nossa idade, se Roger ou eu contraíssemos o vírus, estaríamos fritos. Não podemos nos queixar, estamos mil vezes mais seguros que os heróis de hoje, mulheres e homens que combatem o vírus na linha de frente, e muito mais bem acomodados que a maioria das pessoas agora obrigadas a permanecer dentro de casa até segunda ordem. Fico angustiada ao pensar nos velhos solitários, nos doentes, nos sem-teto, nos que sobrevivem com o mínimo e estão desamparados, nos que vivem amontoados em casas insalubres ou em campos de refugiados e em tantos outros que passam por essa emergência sem recursos.

Roger e eu temos muita sorte. As cachorras nos divertem e nos acompanham, e não nos entediamos. Na mesa da sala de jantar, Roger trabalha bem longe, no computador, enquanto eu escrevo calada em meu sótão; nas horas que sobram lemos e vemos filmes na tevê. Ainda é permitido sair para caminhar, desde que se mantenha uma distância de dois metros entre as pessoas; isso nos ajuda a desanuviar a mente. Talvez esta seja a lua de mel que nunca tivemos por estarmos ocupados demais.

Confesso que, apesar das restrições da pandemia, às vezes temos convidados para jantar. Roger faz isso por meio do Zoom, com filhos e netos que moram em Washington e em Boston; preparam a mesma comida em cada uma das três casas e sentam-se para comer e conversar, acompanhados das respectivas taças de vinho. Meus convidados são os espíritos benéficos que andam comigo pela vida e alguns personagens literários. Foi assim que Eliza Sommers veio me ver. Já não é a moça apaixonada da região selvagem da febre do ouro, é uma velha forte e sábia, que anda de bolsinha a tiracolo, com um pouco das cinzas do marido. Falamos deste livro e pude contar-lhe quanto nós, mulheres, progredimos no último século e meio. Não sei se acreditou.

Roger e eu passamos algumas semanas neste estranho retiro e até agora vamos bem, mas temo que, se esta crise se prolongar muito, venham a faltar paciência, carinho e disciplina para nos aguentarmos mutuamente. A convivência forçada e estreita é muito irritante. Dizem que na China, onde se impôs a primeira quarentena, centenas de milhares de casais solicitaram divórcio.

Ninguém se lembra de uma catástrofe global dessa magnitude. Em toda situação extrema, afloram o melhor e o pior das pessoas, aparecem heróis e vilões. O caráter dos povos também se manifesta. Na Itália, as pessoas aparecem na sacada para cantar ópera e infundir ânimo, enquanto em outros lugares compram armas. E acabam de me dizer que no Chile aumentaram as vendas de chocolate, vinho e preservativos.

Como poderíamos ter imaginado que em poucos dias o mundo conhecido se desmantelaria dessa maneira? A vida social foi suspensa, todas as reuniões foram proibidas, desde uma partida de futebol até as sessões dos Alcoólicos Anônimos, fecharam-se escolas, universidades, restaurantes, cafeterias, livrarias, lojas e muito mais. De viajar, nem falar. Milhões perderam o emprego. As pessoas, assustadas, estocam alimentos e outros produtos. A primeira coisa que sumiu foi o papel higiênico; não sei qual é a explicação para isso. Quem tem algumas economias faz saques do banco e guarda as notas debaixo do colchão. A Bolsa de Valores despencou. Chegou finalmente a hora da verdade para a economia de consumo insustentável. As ruas estão vazias, as cidades, silenciosas, as nações, assustadas, e muitos estão questionando nossa civilização.

Contudo, nem todas as notícias são ruins. A poluição diminuiu, a água dos canais de Veneza está cristalina, o céu de Pequim voltou a ser azul e ouvem-se pássaros entre os arranha-céus de Nova York. Familiares, amigos, colegas e vizinhos comunicam-se como podem para dar-se apoio. Os apaixonados indecisos planejam viver juntos assim que puderem se reunir. De repente nos demos conta de que o que importa realmente é o amor.

Os pessimistas dizem que esta é uma distopia de ficção científica, que os seres humanos, divididos em tribos selvagens, acabarão por se entredevorar, como no aterrorizante romance *A Estrada*, de Cormac McCarthy. Os realistas acham que isso passará, como tantas outras catástrofes da história, e que será preciso lidar com as consequências no longo prazo. Nós, otimistas, acreditamos que este é o tranco de que precisávamos para corrigir o rumo, uma oportunidade única de fazer mudanças profundas. Tudo começou como uma crise sanitária, mas é muito mais que isso, é uma crise de governo, de liderança, de relações humanas, de valores e formas de viver. Não podemos continuar numa civilização baseada no materialismo desenfreado, na cobiça e na violência.

Este é o tempo da reflexão. Que mundo queremos? Creio que essa é a pergunta mais importante de nosso tempo, a pergunta que mulheres e homens conscientes devem fazer, a pergunta que o califa de Bagdá devia ter feito ao ladrão naquela antiga história.

Queremos um mundo onde haja beleza, não só a que se aprecia com os sentidos, mas a que se percebe com coração aberto e mente lúcida. Queremos um planeta limpo, protegido de todas as formas de agressão. Queremos uma civilização equilibrada, sustentável, baseada em respeito entre nós, por outras espécies e pela natureza. Queremos uma civilização inclusiva e igualitária, sem discriminação de gênero, raça, classe, idade ou qualquer outra classificação que nos separe. Queremos um mundo amável, onde imperem a paz, a empatia, a decência, a verdade e a compaixão. E, acima de tudo, queremos um mundo alegre. É a isso que aspiramos nós, as boas bruxas. O que desejamos não é fantasia, é projeto; juntas, podemos conseguir.

Quando o coronavírus passar, sairemos de nossas tocas e entraremos cautelosamente numa nova normalidade. Então, a primeira coisa que faremos será abraçar-nos nas ruas. Que falta nos fez o contato com as pessoas! Vamos celebrar cada encontro e cuidar amavelmente dos assuntos do coração.

AGRADECIMENTOS

A Lori Barra e Sarah Hillesheim pelo trabalho esplêndido que realizam em minha fundação.

Lluís Miquel Palomares, Maribel Luque e Johanna Castillo, meus agentes, que me deram a ideia de escrever sobre feminismo.

Núria Tey, David Trías e Jennifer Hershey, meus editores na Plaza & Janés e na Ballantine.

Kavita Ramdas, nossa mentora na fundação, por compartilhar comigo seus conhecimentos sobre a situação da mulher no mundo.

Laura Palomares por me ensinar sobre as feministas jovens.

Lauren Cuthbert por editar minha tradução para o inglês.

As heroínas que encontro diariamente por meio de minha fundação, que me contaram sua vida e inspiraram este livro.

As feministas que me formaram na juventude e ainda me guiam.

Impresso no Brasil pelo
Sistema Cameron da Divisão Gráfica da
DISTRIBUIDORA RECORD DE SERVIÇOS DE IMPRENSA S.A.
Rua Argentina, 171 – Rio de Janeiro, RJ – 20921-380 – Tel.: (21)2585-2000